KB092034

꼭 알아야 할
한국문화 100

1쇄 발행 2021년 09월 30일
2쇄 발행 2023년 06월 02일

지은이 천수연·장한님·차상아
펴낸이 박찬익
펴낸곳 ㈜박이정출판사 **| 주소** 경기도 하남시 조정대로45 미사센텀비즈 8층 F827호
전화 031)792-1195 **| 팩스** 02)928-4683 **| 홈페이지** www.pjbook.com
이메일 pijbook@naver.com **| 등록** 2014년 8월 22일 제2020-000029호

ISBN 979-11-5848-652-5 93370

* 책값은 뒤표지에 있습니다.

꼭 알아야 할 한국문화 100

천수연 ｜ 장한님 ｜ 차상아

(주)박이정

꼭 알아야 할
한국문화 100

▶저자

천수연

연세대학교 일반대학원 한국학협동과정 한국어교육 전공 석사 졸업

연세대학교 일반대학원 한국학협동과정 한국어교육 전공 박사 수료

(전) 중국 WUHAN BUSINESS UNIVERSITY 전임 강사

(전) 동국대학교 국제어학원 한국어 강사

(현) 연세대학교 (한국학) 학부연계전공 강사

장한님

연세대학교 교육대학원 외국어로서의 한국어교육 전공 석사 졸업

연세대학교 일반대학원 한국학협동과정 한국어교육 전공 박사 수료

(전) 상명대학교 국제언어문화교육원 한국어 강사

(전) 서울대학교 언어교육원 한국어교육센터 한국어 강사

(전) 연세대학교 국제처 강사

차상아

연세대학교 교육대학원 외국어로서의 한국어교육 전공 석사 졸업

연세대학교 일반대학원 한국학협동과정 한국어교육 전공 박사 수료

(전) 성균관대학교 성균어학원 한국어학당 한국어 강사

(전) 연세대학교 국제처 강사

서문

긴 역사와 전통을 가진 한국문화를 전체적이고 포괄적으로, 그러면서도 쉽게 조망해볼 수 있는 책은 그리 많지 않다. 역사책은 너무 어렵고, 또 너무 학술적이거나 전통적인 한국문화 관련 책은 재미도 없고 쉽게 읽히지도 않는다. 그래서 이 책은 '쉽고 편하게 내가 찾고 싶은 한국문화의 특정 부분만 사전처럼 딱 찾아서 볼 수 있으면 얼마나 좋을까?'라는 생각으로부터 기획되었다. 특히 한국문화를 잘 몰라서 난처한 상황에 처할 수 있는 한국 거주 외국인이나 조부모·부모 세대를 더 잘 이해하고 싶어 한국문화에 관심을 갖는 재외동포 한국어 학습자, 그리고 한국문화 전체를 쉽게 이해하고 그 문화의 연원을 알고 싶어하는 한국인을 위한 책이다. 『꼭 알아야 하는 한국문화 100』은 기존의 지루하고 어려운 한국문화 책들과 차별화되면서도 또 너무 가볍지만은 않은 내용으로 꽉 차 있다. 이 책의 목표와 의의는 다음과 같다.

첫째, 상호주의문화의 이론을 바탕으로 한다.
본 저서는 다양한 목적으로 한국 문화를 배우려는 학습자들을 위한 저서이다. 본 저서의 독자들이 한국문화를 배우고자 하는 목적이 다양할 뿐만 아니라 국적, 가치관 등 다양한 배경도 가지고 있을 것이다. 그럼에도 불구하고 기존에 출판된 많은 저서는 한국인의 입장에서 한국을 설명하고 이해시키려는 경향이 많았다. 따라서 본 저서는 다양성을 인정하는 상호주의문화 이론을 바탕으로 독자, 즉 다양한 한국문화 학습자의 입장에서 다양한 문화와 비교할 수 있도록 하였다.

둘째, 한국의 전통과 현대의 역사, 사회, 예술 분야를 함께 융합적으로 이해할 수 있도록 구성 하였다.
한국문화를 이해하기 위해서는 한국의 사회, 경제, 역사. 예술 전 분야가 융합적으로 연결되어 서술되어야 한다. 따라서 한국의 전통 문화와 사회, 현대 문화와 사회, 한국인의 일상과 의례, 한국의 예술과 대중문화로 나누어 한국의 사회, 경제, 역사, 예술 전 분야를 다루었다.

셋째, 한국문화와 함께 한국어 학습자 중급 수준(TOPIK 4급)의 어휘 학습이 이루어질 수 있도록 하였다.
언어 학습이 주목적이 아닌 한국문화 저서는 대부분 해당 국가의 자국어로 출판되었거나 한국어로 출판된 책인 경우에는 어려운 표현으로 서술되어 한국어 학습자들이 읽어나가기가 힘든 경우가 많다. 따라서 본 저서는 한국문화를 한국어로 쉽게 읽을 수 있는 저서를 목표로 하였다. 〈한국어 국

제 통용 어휘, 문법 등급 목록)을 참고하여 한국어 학습자 중급 수준(TOPIK 4급)의 어휘 등급에 맞춰 이해하기 쉽게 서술하였으며, 4급 이상의 수준 어휘지만 한국적 의미가 내재되어 있고, 학습자들의 이해에 도움이 되는 어휘는 간단한 설명으로 덧붙였다.

넷째, 한국문화를 이해하고자 하는 다양한 독자에게 한국학적 관점에서 각 문화적 현상에 대해 가질 수 있는 왜에 대한 궁금증을 해결할 수 있게 하였다.
한국문화의 현상에 대한 단편적인 지식을 전달하는 것이 아니라 그 문화 현상이 나타난 한국인의 생활 습관, 한국 사회의 배경, 역사적 연원 등을 찾아 제시하여 한국문화를 깊이 이해할 수 있는 한국학적 관점을 보여주고자 하였다.

『꼭 알아야 할 한국문화 100』 특징

① 책을 처음부터 끝까지 차례대로 읽어야 한다는 부담을 줄이기 위해 알고 싶은 부분만 찾아서 볼 수 있도록 키워드별로 구성을 했고, 본론에 해당되는 2,3,4,5장은 ㄱ, ㄴ, ㄷ … 순으로 정리하여 사전처럼 찾아볼 수 있게 하였다.
② 한국문화의 기본 이해를 위한 〈1. 한국문화 이해 시작하기〉를 제외한 한국 전통 사회와 문화, 한국 현대 사회와 문화, 한국인의 일상과 의례, 한국의 예술과 대중문화의 각 장은 25개씩 총 100가지 키워드로 구성되어 있다.
③ 한국문화의 내용이 서로 유기적으로 연결되어 이해 될 수 있도록 관련 문화 항목을 제시하였다.
　예) 【Ⅴ. 한국의 예술과 대중문화】, 【풍물놀이】에서 【전통 악기】항목을 함께 살펴볼 수 있도록
　　→ 전통 악기와 같이 표시하였다.
④ 글로만 이해하기 어려운 내용이거나 더 자세한 내용이 궁금한 독자를 위해 최대한 많은 사진과 삽화를 넣어 이해도를 높이려고 노력했다. 또 동영상 자료나 자세한 관련 자료 정보 등은 QR코드를 통해 독자들이 바로 찾아볼 수 있게 하였다.

목 차

I. 한국문화 이해 시작하기

한반도	12
자연환경	14
날씨	16
상징	18
인구	20
언어	21
화폐	23
행정구역	24
정치제도	26
공공기관	27
긴급 전화	29
공휴일	31
역사	32

Ⅱ. 한국 전통 사회와 문화

가족	36
고인돌	38
궁궐	40
단군	43
도깨비	45
동대문·남대문	48
띠	50
막걸리	52
무당·굿	54
서당	56
성균관	58
세종대왕	61
신사임당	63
이순신	65
이이	67
이황	68
인삼	70
전통 시장	72
전통 의례	75
제사	78
팔만대장경	81
풍수	83
한복	85
한의학	87
효	89

Ⅲ. 한국 현대 사회와 문화

갑질	92
강남·강북	94
군대	96
대통령	98
독도	101
등산	103
민주화 운동	105
밥	108
배달 문화	111
수능	113
'우리'	116
응원 문화	118
재벌	120
점·사주·궁합	122
제주도	125
종교	128
줄임말	131
체면·눈치	134
촛불집회	136
판문점	139
학교	142
학원	145
한강	147
한국전쟁	149
회식	152

IV. 한국인의 일상과 의례

결혼식	156
김치	159
나이	162
높임말	164
덤	166
떡	168
돌잔치	172
된장·고추장	174
몸짓 언어	176
방문 예절	178
분식	180
비빔밥	182
삼계탕	185
설	187
소주	189
속담	191
식사 예절	194
온돌	197
인사 예절	201
자장면	205
장례식	207
정	211
집	213
추석	216
호칭	218

V. 한국의 예술과 대중문화

공연 예술	222
길거리 공연	225
도자기	228
드라마	230
미술관	233
민화	236
박물관	239
방 문화	242
부채춤	245
서예	247
시조	249
신명	251
씨름	253
아리랑	256
영화	258
웹툰	261
윷놀이	263
전통 악기	266
탈춤	269
태권도	272
판소리	275
풍물놀이	278
한류	280
한지	283
화병	286

꼭 알아야 할
한국문화 100

I.

한국문화 이해
시작하기

한반도

자연환경

날씨

상징

인구

언어

화폐

행정구역

정치제도

공공기관

긴급 전화

공휴일

역사

한반도

한반도는 '한국'의 '반도'라는 뜻이다.

한반도

'반도'는 세 면이 바다로 둘러싸이고 한 면은 육지에 이어진 땅을 뜻하는 단어이다. 한반도는 한국을 뜻하는 '한'과 '반도'가 합쳐진 단어이다. 영어로는 Korean(한국) Peninsula(반도)라고 쓴다. 대한민국과 조선민주주의인민공화국이 한반도에 위치한 국가이기 때문에 보통 이 둘을 함께 이를 때 한반도라고 한다.

한반도는 동아시아에 위치하고 있으며, 전체 면적은 약 22만 km²이다. 그 중 대한민국은 약 10만 km²이고 조선민주주의인민공화국은 약 12만 km²이다. 반도이기 때문에 세 면이 태평양 바다로 둘러싸여 있다. 남쪽 바다는 남해, 동쪽 바다는 동해, 서쪽 바다는 서해 또는 황해라고 부른다.

한반도 주변에 어떤 나라들이 있어요?

한반도 북쪽에는 중국과 러시아가 있고, 남쪽에는 일본이 있다. 일본과 한반도 사이의 좁은 바다는 대한해협이라고 부른다. 한반도를 둘러싸고 주변에 여러 나라들이 있어서 한국은 역사적으로 많은 일들을 겪었다. 중국과 일본이 한반도에서 전쟁을 하기도 했고(청일전쟁, 1894~1895), 러

■ Korean Peninsula
영어 명칭은 같지만 대한민국에서는 이를 '한반도'라고 부르고 조선민주주의인민공화국에서는 '조선반도'라고 부른다.

황해
'황(黃)'은 노란색이라는 뜻이다. 서해는 항상 바닷물이 노란색이어서 황해라고도 부른다.

시아와 일본도 한반도에서 전쟁을 했다(러일전쟁, 1904~1905). 중국, 러시아, 일본에 둘러싸인 한반도의 위치는 정치·외교적으로 중요한 요인 중 하나이다.

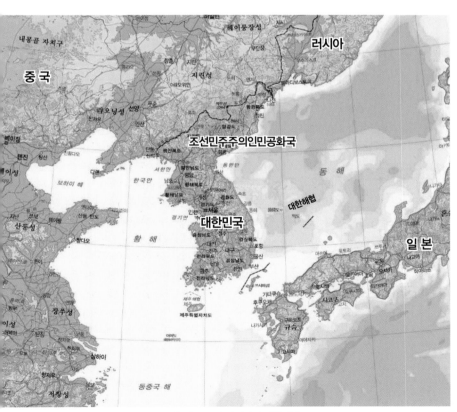

한반도 주변 나라들과 대한해협

• Tip

한반도기
한반도기는 올림픽과 같은 국제 행사에서 대한민국과 조선민주주의인민공화국이 하나의 팀으로 나갈 때 사용한다.

자연환경

한국의 땅은 동북쪽이 높고 남서쪽이 낮으며 산이 많다.

갯벌
바닷물이 들어오면 잠기고, 바닷물이 나가면 드러나는 고운 모래로 이루어진 평평한 땅

한반도의 자연환경

한반도는 동쪽과 북쪽이 높고 서쪽과 남쪽이 낮다. 산이 전체 국토의 약 ⅔를 차지하고 있다. 산과 강이 많으며 남해와 서해에는 크고 작은 섬이 많다. 그리고 서해에는 갯벌이 넓게 발달해 있다.

한반도의 유명한 산과 강

한반도에서 가장 높은 산은 백두산(2,744m)이며, 대한민국에서 가장 높은 산은 한라산(1,947m)이다. 설악산, 태백산, 지리산 등도 유명하다.
한반도에서 가장 크고 정치·경제적으로 중요한 강은 한강이다. → 한강 이 외에도 압록강, 대동강, 금강, 낙동강 등 큰 강이 많다. 이 강들은 모두 황해와 남해로 흐른다.

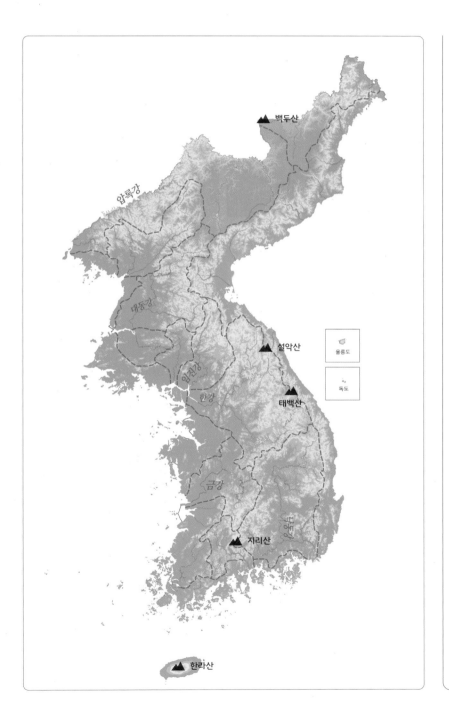

백두산

압록강

대동강

임진강

한강

설악산

태백산

금강

지리산

한라산

울릉도

독도

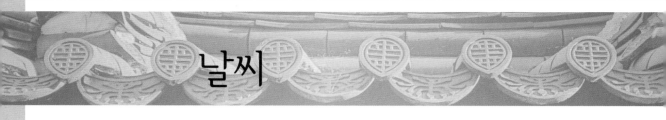

날씨

한국은 사계절의 구분이 뚜렷한 온대 기후이다.

한국의 날씨는 어때요?

한국은 온대 기후이다. 봄, 여름, 가을, 겨울의 사계절 구분이 뚜렷하다. 봄과 가을에는 맑고 건조한 날이 많다. 여름에는 습하고 더우며, 겨울에는 춥고 건조하다. 여름과 겨울의 기온 차이가 크다. 1년 평균기온은 10~15℃이다.

온대 기후
다른 기후에 비해서 날씨가 맑고 따뜻한 기후

월별	1월	2월	3월	4월	5월	6월	7월	8월	9월	10월	11월	12월
평균 기온 (℃)	-6 ~3	-1 ~3	4 ~8	10 ~14	15 ~19	19 ~23	22 ~26	23 ~26	18 ~22	12 ~16	6 ~10	0 ~4

한국은 비가 많이 와요?

한국은 비가 많이 오는 편이다. 1년 평균 강수량은 1,267mm 정도이다. 그리고 이 강수량의 50~60%가 여름에 내린다. 여름에 계속해서 비가 많이 오는 날씨를 '장마'라고 부른다. 여름에는 비가 많이 내리고 겨울에는 눈이 많이 온다.

강수량
비, 눈 등이 일정 기간 동안 일정한 곳에 내린 물 전체의 양. 전 세계의 1년 평균 강수량은 807mm이다.

날씨와 놀이 문화

봄에는 날씨가 따뜻하고 꽃이 많이 피어서 여러 곳에서 꽃축제가 열린다. 서울의 여의도와 경상남도 진해에서 열리는 벚꽃축제가 유명하다. 가을에는 날씨가 선선하고 단풍이 아름다워서 단풍을 보기 위해 산에 많이 놀러 간다. → 등산

상징

한국을 대표하는 상징은 태극기, 애국가, 무궁화이다.

태극기

한국의 국기는 '태극기'이다. 태극기는 1882년에 처음 만들어졌으며, 1883년에 국기로 정해졌다. 이후 2007년에 「대한민국 국기법」이 만들어져서 지금과 같은 태극기 모양으로 결정되었다.

4괘	이름	의미
	건(乾)	하늘
	곤(坤)	땅
	감(坎)	물
	리(離)	불

태극기는 흰색 바탕에 태극 모양과 4괘로 구성되어 있다. 태극기의 흰색 바탕은 밝음과 순수, 그리고 평화를 나타낸다. 그리고 태극 모양의 파랑색은 음(陰), 빨간색은 양(陽)을 의미하며, 세상의 모든 것들이 서로 어울

려서 조화를 이루며 발전한다는 뜻이다. 그리고 4괘도 하늘, 땅, 물, 불의 자연의 조화를 나타내고 있다.

한국에서는 3·1절, 광복절, 개천절, 현충일 등 국가의 중요한 날에 태극기를 단다. →공휴일

애국가

한국의 국가는 '애국가'이다. 애국가는 '나라를 사랑하는 노래'라는 뜻이다. 애국가의 작곡가는 안익태이며, 작사가는 확실히 밝혀지지 않았다.

애국가

무궁화

한국을 상징하는 꽃은 '무궁화'이다. 무궁화는 '영원히 피고 또 피어서 지지 않는 꽃'이라는 뜻을 가지고 있다. 무궁화는 다른 곳으로 옮겨 심어도 잘 자라고 나쁜 공기도 이겨내는 강한 특성을 지니고 있어서 한국인의 부지런함과 끈기를 상징한다. 무궁화는 국회와 대통령을 표시하는 상징으로도 사용된다.

끈기
쉽게 포기하지 않고 끝까지 견디는 마음과 태도

무궁화

국회

대통령

인구

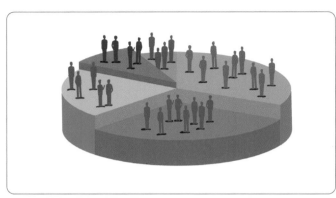

한국의 인구는 현재 5,000만 명이 넘었다.

• Tip ◄

조선민주주의인민공화국의 인구는 2017년 기준 2,549만 명이다.

한국에는 얼마나 많은 사람들이 살고 있어요?

1949년에는 2000만 명, 1967년 3000만 명, 1983년도 4000만 명이었던 한국의 전체 인구는 2020년 기준으로 5000만 명이 넘었다. 한국에서 가장 인구가 많은 지역은 경기도로 13,300,000명 정도이다. 한국에 사는 외국인의 수도 점점 많아지고 있으며, 원래는 외국 국적이었으나 한국 국적으로 바꾼 사람들도 2017년 기준으로 169,000명이 넘었다.

한국의 인구 조사 결과에 대한 자세한 정보는 한국 통계청 홈페이지에서 찾아볼 수 있다.

통계청

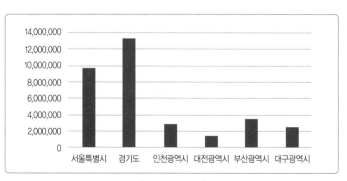

2020년 인구조사

한국에서 사용되는 언어는 한국어이며 한국어를 표기하는 문자는 한글이다.

한글은 누가 만들었어요?

한글을 만든 사람은 세종대왕과 **집현전**학자들이다. →세종대왕 한글이 만들어지기 전에는 한국어를 쓸 수 있는 문자가 없어서 한자를 빌려서 사용했다. 그러나 한자는 배우기가 쉽지 않고 한국어를 쓰기에 알맞지 않았다. 그래서 조선시대의 세종대왕은 이것을 안타깝게 생각하여 한국어를 말하는 대로 쓸 수 있고, 배우기도 쉬운 글자를 만들었다. 이것이 1443년에 만들어진 '훈민정음'이다. 훈민정음이 바로 현재의 '한글'이다. 한글을 만든 원리가 과학적이고 우수하여 **훈민정음 해례본**은 1997년 유네스코 세계 기록 유산으로 등록되었다. 한글은 자음과 모음으로 구성된다. 자음은 소리를 내는 발음 기관인 입, 혀, 목구멍 등의 모양을 보고 만들었으며, 모음은 하늘, 땅 그리고 사람의 모습을 보고 만들었다.

집현전
세종대왕이 설치한 학문 연구 기관

■ 훈민정음 해례본
한글의 자음과 모음을 만든 원리와 용법을 자세하게 적은 책

표준어와 사투리

대한민국은 수도인 서울의 말을 '표준어'로 정해서 공식적으로 사용하고 있다. 서울이 아닌 지방에서 사용하는 말을 '사투리' 또는 '방언'라고 한다. 지역에 따라 제주도 사투리, 경상도 사투리, 전라도 사투리, 강원도 사투리 등이 있다. →행정구역 제주도 사투리는 표준어와 크게 달라서 이해하기 힘들다. 그러나 다른 지역의 사투리는 단어나 억양이 약간 다르지만 의사소통에는 문제가 없다. 마찬가지로 조선민주주의인민공화국에서 사용하는 말도 기본적으로 한국어이기 때문에 서로 의사소통이 가능하다.

화폐

한국의 화폐 단위는 원(won)이다.

한국의 돈은 어떤 종류가 있어요?

• 지폐

지폐 종류	앞면 그림	뒷면 그림
오만 원 (50,000원)		
만 원 (10,000원)		
오천 원 (5,000원)		
천 원 (1,000원)		

• 동전

동전 종류	앞면 그림	뒷면 그림
오백 원 (500원)		
백 원 (100원)		
오십 원 (50원)		
십 원 (10원)		

화폐박물관

행정구역

대한민국에는 1개의 '특별시'와 6개의 '광역시', 그리고 8개의 '도'가 있다.

행정구역
행정상의 목적에 따라 지역을
나눈 것

한국에는 몇 개의 '시'와 '도'가 있어요?

대한민국은 시·도·군·구·읍·면·동으로 행정구역이 나뉘어져 있다. 현재
대한민국에는 1개의 특별시와 6개의 광역시, 1개의 특별자치시가 있다.
그리고 8개의 도와 1개의 특별자치도가 있다.

1개 특별시	서울특별시		경기도
	부산광역시		강원도
	대구광역시		충청남도
	인천광역시		충청북도
6개 광역시	광주광역시	8개 도	전라남도
	대전광역시		전라북도
	울산광역시		경상남도
			경상북도
1개 특별자치시	세종특별자치시	1개 특별자치도	제주특별자치도

한국의 수도, 서울

대한민국의 수도는 서울특별시이다. 서울특별시 중앙에는 큰 강이 흐르는데, 그 강의 이름이 한강이다. →한강 한강을 중심으로 북쪽은 강북, 남쪽은 강남이라고 부른다. →강남·강북

서울시는 25개의 구(종로, 중, 용산, 성동, 광진, 동대문, 중랑, 성북, 강북, 도봉, 노원, 은평, 서대문, 마포, 양천, 강서, 구로, 금천, 영등포, 동작, 관악, 서초, 강남, 송파, 강동)와 424개의 동으로 나뉘어져 있다.

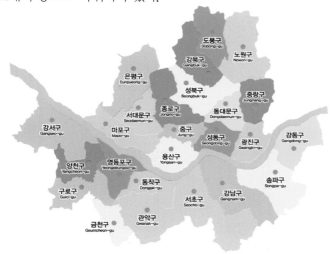

조선민주주의인민공화국의 행정구역

조선민주주의인민공화국에는 1개의 직할시와 2개의 특별시, 9개의 도가 있다.

1개 직할시	평양직할시
2개 특별시	라선특별시
	남포특별시
9개 도	황해남도
	황해북도
	강원도
	평안남도
	평안북도
	함경남도
	함경북도
	량강도
	자강도

정치제도

대한민국은 민주공화국이며 대통령제를 따르고 있다.

한국은 민주공화국이에요.

한국은 권력이 국민에게 있는 민주주의 국가이다. 그리고 국민이 선거를 통해 직접 뽑은 대표가 통치하는 공화국이다.

통치하다
나라나 지역을 맡아
다스리다.

한국의 정치는 어떻게 운영돼요?

국가의 권력은 정부, 국회, 법원 이렇게 세 기관에서 나누어 맡고 있다.

- 정부 : 정부는 국가의 행정을 맡고 있다. 정부의 대표는 대통령이다. →대통령 대통령은 5년간 한 번만 할 수 있다.
- 국회 : 국회는 선거로 뽑힌 국회의원들이 법을 만드는 곳이다. 국회의원은 4년간 일하며 여러 번 할 수 있다.
- 법원 : 법원은 법에 따라 어떤 일을 판단하여 결정하는 일을 한다. 대한민국의 법원은 지방법원, 고등법원, 대법원 등이 있다.

정부서울청사 본관

국회의사당

대법원

공공기관

공공기관은 공동의 이익을 위해 일하는 곳이다.

어떤 공공기관이 있어요?

공공기관은 여러 사람의 공동의 이익을 위해 일하는 곳이다. 한국에서 생활할 때 가까이에서 볼 수 있는 공공기관은 경찰서, 소방서, 구청, 시청, 주민센터 등이 있다. 주민센터에서는 주민등록증 발급, 가족관계증명서 발급, 아기 출생신고, 이사한 후 주소변경 등 주민들의 생활과 관계된 일을 도와준다.

경찰서

주민센터

소방서

외국인과 관련된 공공기관도 있어요?

외국인과 관련된 공공기관은 외교부에 소속된 기관들로 출입국·외국인 정책본부, 한국국제교류재단, 한국관광공사 등이 있다.

• 출입국 · 외국인정책본부

출입국
외국인정책본부

한국인과 외국인의 출국과 입국을 관리하는 기관이다. 각 지역에 '출입 국 관리사무소'를 두고 있다. 한국인·외국인 출입국 심사, 외국인 체류 허가, 이중국적자 관리, 난민 인정 여부 심사, 결혼이민자 정착 지원 등 의 일을 한다.

• 한국국제교류재단(KF)

한국국제
교류재단

국제사회에서 한국에 대한 올바른 인식과 이해를 위한 국제 교류를 하는 기관이다.

• 한국관광공사

한국관광공사

한국 관광 홍보를 위한 목적으로 만들어진 기관으로 한류 관광이나 한 국 전통문화 체험행사 등을 지원한다.

긴급 전화

긴급 상황이나 민원 신고는 110으로 전화하면 된다.

민원
주민이 행정 기관에 원하는 것을
요구하는 일

불이 났어요! 아픈 환자가 있어요! 어디로 전화해요?

119에 전화를 해야 한다. 불이 나거나, 재난을 당하거나, 움직이지
못할 정도의 심한 환자가 있을 때에는 119에 전화를 해서 도움을
요청해야 한다.

재난
사람의 생명이나 재산에 피해를
줄 수 있는 지진, 홍수, 태풍, 화
재, 건물 붕괴, 전염병 같은 일

환자를 병원으로 데려다주는 **119 구급차**

119 말고 다른 긴급 전화번호도 있어요?

119 말고 범죄, 사고, 폭력 신고 및 보호·상담과 관련된 긴급 전화번호도
있다.

긴급 신고 내용	신고 접수 기관	전화 번호
범죄신고	경찰청	112
가정폭력, 성폭력, 성매매 긴급 전화상담 및 보호	한국여성인권진흥원	1366
폭력피해 이주여성 긴급지원 및 상담	다누리콜센터	1577-1366

최근에는 **110**으로 전화해도 긴급한 신고는 각 기관으로 바로 연결된다.
예를 들어 불이 났을 때 110으로 전화하면 바로 119로 연결된다.

외국인에게 필요한 전화번호는 뭐가 있어요?

한국에 살고 있거나, 한국에 관광을 온 외국인들에게 필요한 전화번호는 다음과 같다.

접수 내용	관련기관	전화번호
관광 정보 안내	한국관광공사	1330
외국 인력 상담센터	외국인노동자지원센터	1577-0071
UN 난민기구 한국대표부	UN난민기구	02-773-7011

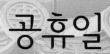

공휴일

공휴일은 나라에서 공식적으로 쉬기로 정한 날이다.

한국의 공휴일은 언제예요?

• 3·1절	3월 1일	1919년 3월 1일 한국인들이 한국의 독립 의지를 세계에 알린 것을 기념하는 날
• 광복절	8월 15일	1945년 8월 15일 일본으로부터 빼앗긴 나라를 되찾은 것을 기념하는 날
• 개천절	10월 3일	단군이 최초의 국가인 고조선을 세운 것을 기념하는 날 →단군
• 한글날	10월 9일	세종대왕이 훈민정음을 만들어 사람들에게 알린 것을 기념하는 날 →세종대왕 →언어
• 1월 1일	1월 1일	양력 새해 첫날
• 설	음력 1월 1일	설 명절 설 전날부터 설 다음 날까지 쉰다. →설
• 석가탄신일	음력 4월 8일	불교의 부처(석가모니) 탄생을 기념하는 날
• 어린이날	5월 5일	어린이가 바르고 건강하게 자라기를 바라며 축하하는 날
• 현충일	6월 6일	나라를 위하여 싸우다 목숨을 잃은 사람들을 기억하는 날
• 추석	음력 8월 15일	추석 명절 추석 전날부터 추석 다음 날까지 쉰다 →추석
• 성탄절 (크리스마스)	12월 25일	기독교의 예수 그리스도 탄생을 기념하는 날
• 선거일		대통령 선거, 국회의원 선거, 지방선거 등
• 일요일		

광복(光復)
빛을 찾았다는 뜻.
한국에서는 일본으로부터
나라를 되찾은 것을 의미한다.

양력
지구가 태양을 한 바퀴 도는
시간을 기준으로 만든 날짜 계산법

음력
달이 지구를 한 바퀴 도는 시간
을 기준으로 만든 날짜 계산법

역사

한반도에는 약 50만 년 전부터 사람들이 살기 시작했다.

떼석기
돌을 깨뜨려서 만든 도구

간석기
돌을 갈아서 만든 도구

■ 신석기 시대의 토기

건국
나라를 세움

구석기 시대
약 50만 년 전

한반도에는 구석기 시대부터 사람들이 살기 시작했다.
평양 근처에서 약 50만 년 전에 사용된 떼석기가 발견되었다.

신석기 시대
약 1만 년 전

한반도에서는 약 1만 년 전에 신석기 시대가 시작되었다.
이 시기에 간석기와 식량을 저장하기 위한 토기가 만들어졌다.
또 농사가 시작되어 사람들이 점차 한 곳에 머물러 살게 되었다.

고조선 건국
B.C. 2333년

한반도에 가장 처음 생긴 나라의 이름은 '조선'이다.
그러나 1392년에 건국된 '조선'과 이름이 같아서 이 둘을 구분하기 위해 첫 번째 조선을 '오래된'이라는 뜻의 '고(古)'를 붙여 '고조선'이라고 부른다. 고조선은 단군이 세운 나라라고 알려져 있다. →단군

삼국시대

B.C. 57년~

고조선 이후에 여러 나라들이 생겨났다가 없어졌다.
그리고 한반도에는 고구려, 백제, 신라 이렇게 세 나라가 남아서
오랫동안 경쟁하며 지내게 되었다. 이 시기를 세 개의 나라가
있었다고 하여 '삼국시대'라고 부른다.

신라 건국 : B.C. 57년
고구려 건국 : B.C. 37년
백제 건국 : B.C. 18년

**신라
삼국 통일**

668년

660년에 신라가 중국의 '당(唐)'과 연합하여 백제를 무너뜨리고
668년에는 고구려를 무너뜨리면서 삼국을 통일하였다.

발해 건국

698년

한반도의 남쪽에는 삼국을 통일한 신라가, 북쪽에는 고구려를
이어받은 발해가 건국되었다.

고려 건국

918년

왕건이 918년에 고려를 건국하였다.
고려는 918년부터 1392년까지 약 500년 가까이 계속되었다.

조선 건국

1392년

고려의 부패한 사회를 개혁하고자 군인 세력과 새로운 관리 세력이
힘을 합쳐 1392년 이성계를 왕으로 하여 조선을 건국했다.

부패하다
썩어서 나쁘게 되다.

개항

1876년

조선은 1876년 일본과 '강화도 조약'을 맺으며 개항을 한다.
개항을 계기로 한국은 '근대'가 시작되었다.

조약
나라 간의 권리와 의무를 합의를
통해 법적인 힘을 갖게 하는 행위

개항
외국과 무역을 할 수 있도록 항
구를 열어 외국 배들이 드나들
수 있도록 하는 것

침략
남의 나라에 불법으로
쳐들어 감

대한제국
1897년

개항으로 인해 조선에 대한 주변 나라들의 간섭과 경제적 침략이 심해졌다. 그래서 조선의 왕이었던 고종은 1897년에 나라의 이름을 '대한제국'으로 바꾸고 여러 가지 개혁을 실시했다.

고종
조선 제26대 왕이자 대한제국 제1대 황제. 조선을 외국의 침략으로부터 지키기 위해 여러 가지 개혁을 실시했으나 성공하지 못하고 조선은 결국 일본의 식민지가 되었다.

일제
'일본 제국주의'의 줄임말

강점
남의 물건, 땅, 권리 등을 강제로
차지함

일제 강점기
1910년~

한국은 1910년부터 1945년까지 일본에 나라를 빼앗겼다.
이 시기를 '일제 강점기' 혹은 '일제시대'라고 부른다.

광복
1945년

1945년 일본이 제2차 세계대전에서 지면서 한국은 일본으로부터 나라를 되찾았다.

■ 자본주의(資本主義, capitalism)
생산 수단을 가진 자본가가 이득을 얻기 위해 생산 활동을 할 수 있도록 보장하는 사회 경제 체제

■ 공산주의(共産主義, communism)
생산 수단을 공동으로 소유하고 계급이 없는 사회를 목표로 하는 사회 경제 체제

대한민국 정부 수립
1948년

광복과 동시에 한반도는 남과 북으로 나누어지게 되었다. 한국인들은 계속 통일을 위해 노력했지만 결국 1948년 8월 남쪽에서는 자본주의의 '대한민국' 정부가, 같은 해 9월 북쪽에서는 공산주의의 '조선민주주의인민공화국' 정부가 수립되었다.

조선민주주의 인민공화국 정부 수립
1948년

1950년부터 1953년까지 남과 북은 전쟁을 치렀지만, 어느 쪽도 승리하지 못하고 휴전으로 끝났다. →한국전쟁 그래서 현재까지도 한반도의 남과 북은 통일이 되지 못한 채로 남아 있다. →판문점

II.

한국 전통
사회와 문화

가족
고인돌
궁궐
단군
도깨비
동대문·남대문
띠
막걸리
무당·굿
서당
성균관
세종대왕
신사임당
이순신
이이
이황
인삼
전통 시장
전통 의례
제사
팔만대장경
풍수
한복
한의학
효

가족

한국 사람들은 혈연으로 연결된 가족을 중요하게 생각한다.

혈연
같은 조상의 피를 이어받은 관계.
'핏줄'이라고도 한다.

3대

할아버지	할머니

↓

아버지	어머니

↓

나

가부장
가족에 대하여 절대적인 권력을
가지는 사람. 주로 장남이 가부장
이 된다.

옛날에 한국의 가족의 모습은 어땠어요?

한국에서는 조선시대부터 유교의 영향으로 인해 남성 특히 장남(첫째 아들) 중심의 가족 제도가 자리 잡았다. 대체로 장남을 중심으로 3대 이상이 모여 사는 대가족이었기 때문에 가족의 수도 매우 많았다. 남성 중심의 가족 제도로 인해서 여성의 지위는 낮았다. 이러한 남성 중심의 가부장적 문화는 한국 사회·문화에도 많은 영향을 미쳤다.

또 예전에는 같은 성을 쓰는 사람들이 한 마을에 모여 살았다. 그래서 그 마을 사람들이 대부분 가족, 친척인 경우가 많았다. 따라서 가족 안의 크고 작은 일들을 모두 알고 지냈으며 함께 많은 일을 해나갔다. 이러한 전통이 여전히 남아 있어서 한국 사람들은 '나'보다 '우리 가족'을 더 중요하게 생각하기도 한다.

지금 한국 가족의 모습은 어때요?

장남 중심의 대가족은 이제 한국에서 거의 찾아볼 수 없다. 자녀는 결혼을 하면 부모의 집에서 나가 따로 사는 것이 일반적이고, 부부가 결혼해서 자녀를 한 명이나 두 명 정도만 낳는다. 게다가 요즘에는 각자의 개인 삶을 중시하는 사람들이 점점 많아져서 아이를 낳지 않는 부부들도 많

다. 그래서 대가족은 거의 사라지고, 2~4명 정도의 작은 가족 형태가 더 일반적이다.

하지만 남성 중심의 가부장적인 가족 문화는 여전히 남아있다. 예를 들어 설날이나 추석과 같은 명절 때 남편 쪽의 부모님 집에 먼저 찾아가야 한다는 생각을 하는 것, 또 남편 쪽 부모님의 집에 가서 요리나 설거지 같은 일은 대부분 여자들이 하는 것 등이다. 하지만 지금은 여성이 직업을 갖고 사회 활동을 하는 경우가 많아지면서 이전보다 훨씬 남편과 아내 사이의 관계가 평등해졌다. 그러나 여전히 퇴근 후에 집안일은 보통 여성이 해야 할 일이라고 생각하는 경우가 많은데 이것은 집안일은 여성의 일이라는 고정관념이 남아있기 때문이다.

다문화 가족

다문화 가족은 국적과 문화가 다른 부부로 이루어진 가족을 뜻하는 말이다. 1990년대 초까지 국적이 다른 남녀가 결혼을 할 경우 다문화 가족이라는 말보다는 '국제결혼'이라는 말을 사용했다. 그러나 최근에는 남편과 아내의 각각 다른 문화를 모두 존중하기 위해 '다문화'라는 말을 더 많이 사용한다. 2018년을 통계 기준으로 한국에는 약 335,000 가구의 다문화 가족이 살고 있다. 이는 전체 19,979,000 가구 중 약 1.7%를 차지하는 것이다.

한국 사람들은 혈연을 중요하게 생각해요.

한국 사람들은 혈연으로 이어진 관계를 중요하게 생각한다. 그래서 혈연으로 이어지지 않은 가족 관계는 잘 받아들이지 못하는 경우가 많다. 한국 내에서의 입양보다 해외 입양이 많은 이유도 바로 이것 때문이다. 그리고 예전에는 국적이 다른 사람과의 결혼을 반대하는 부모님들이 많았다. 그 이유도 바로 혈연 때문이었다. 이제는 이러한 문화가 점차 사라져가고 있지만 혈연으로 이어진 가족 관계를 중시하는 분위기는 사회 전반에 여전히 남아있다.

고정관념
어떤 일이나 사람에 대한 단순하고 지나치게 일반화된 생각

입양
자기가 낳지 않은 아이를 법적으로 자기의 자녀로 받아들이는 것

고인돌

덮개돌

받침돌

고인돌은 선사시대의 무덤이다.

선사시대
문자로 역사가 기록되기
이전의 시대

전 세계 고인돌의 60%가 있는 한국

고인돌은 납작하고 큰 돌 밑에 또 다른 돌을 올려서 만든 사람의 무덤이다. 세계 모든 고인돌은 약 6만 개 정도가 되는데 한반도에는 약 4만 개의 고인돌이 있다. 이것은 세계 모든 고인돌 수의 60% 정도를 차지한다. 전라남도 화순, 전라북도 고창, 인천 강화도의 고인돌이 2000년 유네스코 세계문화유산으로 지정되었다. 한국에 있는 많은 고인돌은 BC 2000년~BC 1900년 경에 만들어졌다. 그래서 고인돌은 선사시대 연구의 중요한 자료가 된다.

전북 고창에 모여 있는 고인돌

강화

고창

화순

유네스코 세계문화유산 지정 지역

고인돌은 다양한 모양이 있어요.

탁자식

기반식(바둑판식)

개석식(뚜껑식)

한반도의 고인돌은 크기가 크고 종류도 다양하다. 'ㅠ'자 모양의 탁자식 고인돌, '바둑판' 모양의 기반식 고인돌, '뚜껑' 모양의 개석식 고인돌이 있다. 크기는 대체로 탁자식 고인돌이 크고, 기반식 고인돌은 작은 것이 많다. 그러나 기반식 중에 2m 이상 되는 것도 있다.

바둑판

고인돌은 사회적 의미가 있어요.

고인돌은 죽은 사람의 사회적 지위와 관계가 있다. 고인돌의 크기가 클수록 그 사람의 사회적 지위가 높았다. 고인돌에 사용되는 무겁고 큰 돌을 옮기려면 많은 사람들의 힘이 필요했기 때문이다. 고인돌에 사용된 돌의 무게는 보통 30~50t 정도이다. 큰 것은 100t 이상도 있었다고 한다. 또한 고인돌 안에는 그 사람이 누구였는지 알 수 있는 물건들도 함께 묻혀 있다.

고인돌은 어떻게 만들었어요?

① 사람을 땅에 묻고 덮개돌을 준비한다.

② 땅을 파고 받침돌을 세운다.

③ 받침돌 주변에 흙을 쌓아 비스듬하게 만든다.

④ 덮개돌을 끌어 올린다.

⑤ 받침돌 주변에 쌓았던 흙을 치운다.

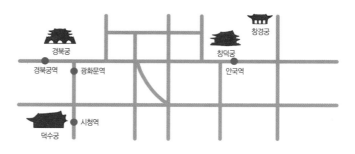

한국의 대표적인 궁궐은 경복궁, 창덕궁, 창경궁, 덕수궁이다.

경복궁

경복궁은 조선의 왕이 살던 궁궐이다. 경복궁은 1395년 조선의 첫 번째 왕인 태조가 짓기 시작했다. 1592년 임진왜란으로 불에 타서 없어졌다가 1867년 고종의 아버지인 흥선대원군이 다시 지었다. 다시 지은 경복궁은 500여 개의 건물들이 있었다. 그러나 일제 강점기에 대부분이 철거되었다가 1990년부터 본격적으로 다시 짓는 작업이 시작되었다.

경복궁의 정문은 '광화문'이다. 조선시대에는 광화문 앞으로 중요한 공공기관이 모여있었다. 오늘날에도 정부에 어떤 의견을 표현하기 위해 국민들이 광화문 앞 광장에 모이는 것은 이러한 상징적인 의미가 있다.

철거
건물을 무너뜨려 없앰

광화문 　　　　　　　　　　 경복궁

경복궁
문화재청

창덕궁

창덕궁은 전쟁이나 큰 재난이 일어나서 경복궁을 사용하지 못할 때를 대비하여 지은 궁궐이다. 임진왜란으로 불탄 경복궁을 다시 지을 때 왕은 이곳에서 살았다.

창덕궁은 주변의 자연과 잘 어울리게 배치되어 있다. 창덕궁에는 숲, 나무, 연못 등이 조화를 이루고 있는 아름다운 **정원**이 있다. 창덕궁은 자연과 조화를 잘 이루었다는 점과 한국의 감정과 분위기가 담겨 있다는 점에서 가치를 인정받아 1997년 유네스코 세계유산으로 지정되었다.

■ 정원
한국의 정원은 사람이나 건축물 모두가 자연의 일부가 되도록 한다는 특징이 있다.

창덕궁의 정원

창덕궁
문화재청

창경궁

창경궁은 창덕궁과 연결되어 독립적인 궁궐의 역할도 하면서, 창덕궁의 부족한 공간을 보충해주는 역할을 하였다.

창경궁

창경궁
문화재청

덕수궁
문화재청

덕수궁

덕수궁은 1897년 대한제국이 시작되면서 황제가 살았던 궁궐로 옛 이름은 경운궁이다. →역사

덕수궁

단군

단군은 한국의 첫 번째 나라인 고조선을 세운 인물이다.

'정치적·종교적 지도자' 단군

'단군'은 한국의 첫 번째 나라인 고조선을 세운 인물이다. 한국 사람들은 보통 단군을 한국의 첫 번째 나라인 고조선을 세운 사람의 이름이라고 생각한다. 그러나 사실 단군은 실제 사람의 이름이 아니라 '정치적·종교적 지도자'를 뜻하는 단어이다.

단군 신화는 어떤 이야기예요?

환웅과 곰, 호랑이

단군 신화는 한반도에 처음 나라가 만들어졌을 때의 이야기이다. →한반도
옛날 하늘의 임금님 환인의 아들 환웅은 인간들에게 많은 도움을 주기 위해서 3,000명을 데리고 태백산(현재 백두산) 꼭대기에 처음 내려왔다.

이때 곰 한 마리와 호랑이 한 마리가 환웅에게 찾아와 사람이 되고 싶다고 하자 환웅은 곰과 호랑이에게 쑥과 마늘을 주면서 이것을 먹고 100일 동안 햇빛을 보지 않으면 사람이 될 수 있다고 했다. 이 약속을 잘 지킨 곰은 여자(웅녀)가 되었다. 그러나 호랑이는 약속을 못 지켜서 사람이 되지 못하였다. 이후 웅녀는 환웅과 결혼하여 아이를 낳았고, 그 아이가 '단군'이다. 단군 신화는 『삼국유사』에서 찾아볼 수 있다.

쑥

마늘

개천절 →공휴일

개천절은 양력 10월 3일로 단군이 고조선을 세운 것을 기념하기 위한 날이다. 개천은 '하늘을 열었다'는 뜻으로 나라를 세웠다는 의미이다. 음력 10월 3일에 단군을 위한 '향산제'라는 제사를 지내는 풍습이 이어져서 현재 양력 10월 3일을 개천절로 정해 기념하고 있다.

도깨비

도깨비는 사람들을 지켜주고 원하는 것을 들어주는 상상 속 존재이다.

도깨비는 나쁜 귀신이 아니에요.

사전에서 찾으면 도깨비는 '동물이나 사람의 모습을 한 귀신의 한 종류로 특별한 힘과 재주를 가지고 있어서 사람들에게 나쁜 행동이나 장난을 많이 한다'고 나와 있다. 그러나 한국 옛날 이야기에 나오는 도깨비는 결코 나쁜 행동만 하는 것은 아니다. 도깨비는 사람들을 괴롭히는 장난을 많이 하지만 노래와 춤을 좋아하고 자신에게 도움을 준 사람에게 꼭 은혜를 갚는다. 그래서 옛날 한국 사람들은 도깨비가 지닌 능력을 믿고, 도깨비에게 자신의 소원을 빌었다.

도깨비는 어떻게 생겼어요?

현재 한국 사람들이 생각하는 도깨비 모습은 머리 위에 뿔이 있고 도깨비 방망이를 들고 있는 모습이다. 그러나 원래 전통 한국의 도깨비는 뿔이 없다는 이야기도 있다. 한국 도깨비는 나무·돌 등의 주변 물건 등이 변해서 된다고 믿었기 때문에 여러 가지 종류와 모습으로

도깨비

기와

도깨비 얼굴이 있는 기와

나타날 수 있다. 한국의 전통적인 도깨비의 모습은 한국의 기와, 벽돌, 절, 궁궐의 문 등에서 찾아볼 수 있다. 이런 곳에 도깨비의 모습을 넣은 것은 도깨비가 홍수, 가뭄 등 자연재해로부터 사람들을 지켜 준다고 믿었기 때문이다.

어떤 도깨비 이야기가 있어요?

옛날부터 도깨비 이야기는 다양했다. 옛날 한국 사람들은 빗자루와 같이 사람이 많이 사용하는 물건들이 도깨비로 변한다고 믿었다. 그래서 옛날 한국에서는 오래 사용하던 물건을 버릴 때는 그냥 버리지 않고 불에 태워서 버렸다고 한다. 대표적인 옛날 도깨비 이야기는 「도깨비방망이」, 「혹부리 영감」, 「도깨비감투」 등이 있다.

「도깨비방망이」는 한 사람이 도깨비가 사용하는 방망이를 얻어 부자가 되었다는 이야기이다. 옛날에 한 사람이 산에 갔다가 늦은 밤이 되어 산속에 있는 빈집에 들어갔다. 밖에서 시끄러운 소리가 들려서 방안에서 몰래 숨어서 지켜보니 도깨비들이 집 안으로 들어왔다. 도깨비들은 방망이를 가지고 있었는데 그 방망이를 뚝딱 두드리면서 '고기 나와라 술 나와라' 라는 말을 하니 고기와 술이 나왔다. 그것을 본 이 사람은 배가 고파서 주머니에 있던 나무 열매를 꺼내서 깨물었는데, 도깨비들은 그 소리가 집이 무너지는 소리라고 생각하고 놀라 모두 방망이도 버리고 도망가 버렸다. 그래서 이 사람은 도깨비가 놓고 간 방망이를 가지고 집에 와서 부자가 되었다는 이야기이다.

빗자루

도깨비방망이

혹부리 할아버지

도깨비 감투

지금도 도깨비 이야기를 해요?

지금도 한국에서는 다양한 이야기와 생활 속에서 '도깨비'라는 단어를 자주 찾아볼 수 있다.

도깨비 이야기는 동화책, 게임, 애니메이션, 영화, 각종 행사 등에서 다양하게 활용되고 있다.

| 도깨비 동화책 | 행사 이름으로 사용된 도깨비 | 도깨비 드라마 |

동대문·남대문

동대문과 남대문은 옛날에 서울로 들어오는 동쪽 정문과 남쪽 정문이었다.

옛날에는 서울로 들어오는 문이 있었어요?

조선시대 서울의 이름은 '한양'이었다. 한양은 현재의 종로구와 중구 일부 지역으로 지금의 서울보다는 훨씬 작았다. →행정구역 한양을 지키기 위해 한양의 경계에 성을 쌓았고, 이 성의 동서남북에 큰 문을 세웠다. 그래서 지방에서 서울로 들어오는 사람들은 이 문을 통과해서 들어와야 했다. 동서남북에 네 개의 큰 문이 있었기 때문에 이것을 '사대문(四大門)'이라고 불렀다.

지금은 일반적으로 동쪽에 있는 큰 문이라고 하여 동대문(東大門), 남쪽에 있는 큰 문이라고 하여 남대문(南大門)이라고 부른다. 하지만 사대문은 모두 옛날부터 불리던 이름이 있다. 동대문은 '흥인지문(興仁之門)', 남대문은 '숭례문(崇禮門)'이다. 그리고 북대문은 '숙정문(肅靖門)', 서대문은 '돈의문(敦義門)'이다.

지금도 사대문이 다 남아있어요?

사대문 중에 숭례문(남대문)과 흥인지문(동대문), 숙정문(북대문)은 지금도 남아있다. 그러나 돈의문(서대문)은 일제 강점기인 1915년에 일본이 도로를

넓히면서 철거해서 현재는 찾아볼 수 없다. 지금은 정동 사거리 부근(지하철 5호선 서대문역 근처)에 돈의문이 있었던 자리임을 보여주는 표시만이 남아 있다.

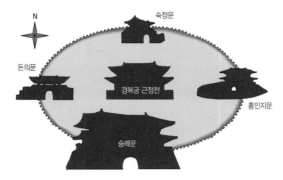

사대문

동대문 시장과 남대문 시장

동대문은 주변에 유명한 시장과 쇼핑몰이 많아서 더 유명하다. →전통 시장 18세기부터 동대문 주위에 '배오개 시장'이라고 하는 큰 규모의 시장이 있었다. 1900년대 초부터 이곳에서는 쌀 판매가 많이 이루어졌고, 1960~70년대부터는 큰 의류 시장이 생겼다. 그래서 지금도 동대문 주변에 큰 시장과 대형 의류 쇼핑몰이 많다. 동대문 시장은 한국인뿐만 아니라 외국인 관광객들도 많이 찾는 곳이다.

남대문 시장 근처에도 조선시대부터 시장이 있었다. 특히 1980년대 이후 의류와 액세서리, 그릇, 수입품 등을 팔면서 많은 사람들이 찾아왔다. 남대문 시장에는 맛있는 음식을 파는 곳이 많아서 더욱 유명하다.

동대문 시장

남대문 시장

의류
옷, 신발, 가방, 모자 등의 물건

동대문 시장

남대문 시장

띠

쥐띠 소띠 호랑이띠 토끼띠 용띠 뱀띠

말띠 양띠 원숭이띠 닭띠 개띠 돼지띠

띠는 자신이 태어난 연도를 상징하는 동물의 이름을 붙여서 부르는 말이다.

띠를 나타내는 동물에는 12가지가 있어요.

옛날부터 한국, 중국, 일본, 베트남 등 아시아의 여러 나라에서는 연도가 바뀌면 올해는 무슨 띠의 연도인지를 따져 보았다. 그 연도를 상징하는 동물은 쥐, 소, 호랑이, 토끼, 용, 뱀, 말, 양, 원숭이, 닭, 개, 돼지로 12가지이다. 이 12가지 동물이 12년마다 반복되며 그 연도를 상징한다. 자기의 띠를 알아보려면 태어난 연도를 알아야 한다. 그 연도의 띠를 정리하면 다음과 같다.

띠	태어난 연도				
쥐	1972	1984	1996	2008	2020
소	1973	1985	1997	2009	2021
호랑이	1974	1986	1998	2010	2022
토끼	1975	1987	1999	2011	2023
용	1976	1988	2000	2012	2024
뱀	1977	1989	2001	2013	2025
말	1978	1990	2002	2014	2026
양	1979	1991	2003	2015	2027
원숭이	1980	1992	2004	2016	2028
닭	1981	1993	2005	2017	2029
개	1982	1994	2006	2018	2030
돼지	1983	1995	2007	2019	2031

예를 들어 1999년에 태어난 사람은 토끼띠이다. 이 사람은 1987년에 태어난 사람, 2011년에 태어난 사람과는 모두 12살씩 차이가 나지만 같은 띠이기 때문에 '띠동갑'이라고 부른다. 원래 동갑은 나이가 같다는 뜻인데, 띠동갑은 나이가 12살 차이가 나고 띠가 같다는 뜻이다. →나이

환갑

환갑(還甲)이란 자기가 태어난 해의 이름과 똑같은 이름의 해가 돌아왔음을 뜻하는 말이다. 60년에 한 번씩 같은 이름의 해가 돌아오기 때문에 돌아온다는 뜻의 '환(還)'을 써서 '환갑'이라고 한다. 또 돌아온다는 뜻의 '회(回)'를 써서 '회갑'이라고도 부른다.

옛날에는 사람의 평균 수명이 길지 않았기 때문에 만 60세(한국 나이 61세)까지 살았다는 것은 매우 축하할 일이었다. 그래서 이를 축하하고 앞으로도 건강하게 오래 살기를 기원하는 의미에서 '환갑잔치'를 열었다. 한국은 전통적으로 부모에 대한 효와 노인을 존경하는 마음을 강조했기 때문에 환갑잔치가 중요하게 생각되었다. →효 그러나 요즘에는 평균 수명이 길어져서 많은 사람들이 환갑잔치를 하지 않고 가족들과 함께 모여 식사를 하거나 여행을 가는 것으로 대신한다.

한국 사람들은 언제 띠를 이야기해요?

옛날부터 한국 사람들은 새해를 맞이하면서 그 연도를 상징하는 12가지 동물들을 통해 그 연도의 미래를 추측해 보았다. 결혼할 때도 결혼하는 사람끼리의 띠를 가지고 궁합을 보기도 했다. →점·사주·궁합 또 어떤 사람들은 띠에 따라 특별한 성격을 가지고 있다고 믿기도 한다.

■ 60년
한국에는 10개의 '간(干)'과 12개의 '지(支)'를 결합해서 만든 60개의 연도의 이름이 있다. 12개의 지(支)는 띠를 나타내는 12개의 동물과 같다.

막걸리

막걸리는 한국의 전통 술이다.

막걸리는 어떤 술이에요?

막걸리는 쌀, 찹쌀, 보리 등의 곡식으로 만든 술이다. '막'은 '마구', '함부로'라는 뜻이고, '걸이(걸리)'는 '거르다'라는 뜻이다. 즉, '막 걸러내는 술'이라는 의미이다.

막걸리는 옛날부터 일반 사람들이 즐겨 마시던 술이다. 농사일하는 중간에 새참과 함께 마셨다. 그래서 오늘날에도 한국인의 생활과 함께하는 술의 이미지가 남아 있다. 그리고 다른 술과 비교해서 값도 저렴하다.

거르다

새참
일을 하다가 잠깐 쉬면서
먹는 음식

풍속화 속 막걸리(신윤복 그림)

막걸리는 어떻게 만들어요?

곡식을 물에 불렸다가 찐다

준비한 누룩을 1과 함께 섞는다

물을 붓는다

기다리면 완성된다

누룩
곡식을 갈아서 반죽하여
만든 발효제

막걸리는 무슨 음식과 함께 먹어요?

한국 사람들은 막걸리를 전과 두부 등의 음식과 함께 먹는다. 막걸리는 곡식으로 만든 술이기 때문에 오래 보관하기 어렵다. 그래서 빨리 마셔야 한다.

전과 막걸리

두부 김치와 막걸리

무당·굿

무당은 신과 인간을 연결해주는 사람이고 굿은 무당이 하는 의식이다

'무당'은 무슨 일을 해요?

무당은 인간과 신의 사이를 연결해 준다. 사람들은 무당이 미래를 알 수 있고 신을 통해 사람의 능력으로 해결하기 힘든 일을 해결해줄 수 있다고 믿는다. 그래서 어려운 일이 생기거나 바라는 것이 있을 때 무당을 찾아가기도 한다. 보통 '무당'이라고 하면 여자를 말하고 남자 무당은 '박수무당'이라고 한다.

무당 김금화의 이야기를 다룬 영화

만신(2013)

한국의 대표 무당 김금화(1931~2019)는 세계 여러 나라에 한국의 굿을 소개했다. 세계에서 그 예술성을 인정받아서 1985년 한국의 중요무형문화재로 지정되었다.

무당 김금화의 이야기는 영화 〈만신〉으로 만들어졌다.

굿

굿은 무당이 신에게 제물을 바치고 노래와 춤으로 사람들이 원하는 것을 비는 제사 의식이다. 굿은 무당의 옷, 춤, 노래 등이 어우러진 종합 예술이다. 한국에서는 아주 옛날부터 굿을 했다. 그래서 굿과 관련된 속담이 많다.

굿에 관한 속담

• 굿이나 보고 떡이나 먹지
남의 일에 쓸데없는 간섭을 하지 말고 되어 가는 상황을 보고 있다가 이익이나 얻으라는 말이다.

굿을 하는 모습

• 벌여 놓은 굿판
이미 시작한 일이라 중간에 그만둘 수 없는 일을 말할 때 사용하는 말이다.

제물
제사에 쓰이는 음식이나 물건

서당

서당은 옛날의 초등 교육기관이다.

서당은 누가 다녔어요?

서당은 고려시대부터 조선시대 후기까지 있었던 초등 교육기관이다. 오늘날의 초등학교와 비슷한 역할을 했다. 서당에 다녔던 학생들은 대부분 7~16세 정도였으나 20~25세 이상의 성인도 있었다. 18~19세기에는 서당이 약 2만 개, 학생이 26만 명 정도였다고 한다.

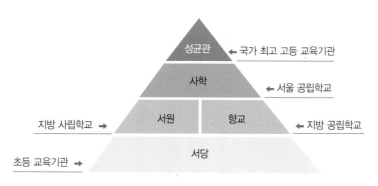

조선시대 학교

서당에서는 무엇을 공부했어요?

서당에서는 한자를 배우고 한 자로 된 글을 읽고 쓰는 공부를 했다. 서당의 선생님은 '훈장님'이라고 부르며 그 지방의 모범이 되고 존경을 받는 사람이었다. 서당에서는 책 한 권을 다 끝마치게 되면 책의 일부분을 외우거나 배운 내용을 묻고 대답하면서 공부한 내용을 정리했다. 또 이때 음식을 마련하여 함께 나누어 먹으며 축하하기도 했다. 지금도 전통 예절이나 한문을 가르치는 곳을 서당이라고 부르며 학원이나 체험 활동의 형태로 운영되고 있다.

조선시대 서당의 풍경을 그린 그림

김홍도 〈서당〉

서당에 관한 속담

• 서당 개 삼 년이면 풍월을 읊는다

서당에서는 글을 읽을 때 모두 함께 소리를 내서 읽었다. 그래서 서당에서 삼 년 동안 살면서 매일 글 읽는 소리를 들으면 개도 글 읽는 소리를 낼 수 있게 된다는 말이다. 이것은 어떤 분야에 대하여 지식과 경험이 전혀 없더라도 그것을 오래 하면 지식과 경험을 갖게 된다는 뜻이다.

서당에 관한
다큐멘터리

성균관

성균관은 조선시대 최고 고등 교육기관이다

성균관은 어떤 학교였어요?

성균관은 고려 말과 조선시대의 국가 최고 고등 교육기관이었다. 지금의 국립대학과 비슷한 학교였다. 고려시대에는 이름이 국자감→성균감→성균관으로 변화했다가, 조선시대에는 계속 성균관이라는 이름으로 불렸다. 성균관은 고려시대 992년에 처음으로 설립되어 1894년 **갑오개혁** 때까지 존재했다.

성균관에는 어떤 학생들이 있었어요?

조선시대에는 '과거 시험'이라는 국가에서 보는 시험이 있었다. 그런데 이 과거 시험을 볼 수 있는 사람은 대부분이 양반들이었다. 성균관은 과거 시험 중 '소과'에 합격해야 입학할 수 있었다. 그래서 성균관에는 양반들만 입학하는 것이 일반적이었다. 이들은 성균관에 입학해서 과거 시험 중 '대과'에 합격하기 위해 공부했다. 대과에 합격해야 국가의 고급 관리가 될 수 있었기 때문이다. 이들은 유교의 학문을 공부하는 학생이라 하여 '유생'이라고 불리기도 했다.

■ 갑오개혁
1894년(갑오년)에 시작된 조선 정부의 제도 개혁. 이때 신분제가 폐지되는 등 근대식 제도가 많이 받아들여졌다.

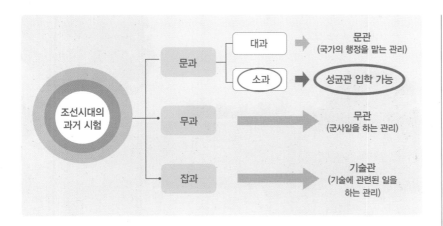

조선의 신분 제도

가장 신분이 높은 양반 아래 중인, 상민, 노비가 있었다. 과거 시험은 원칙적으로 양인(양반, 중인, 상민)이면 누구든지 볼 수 있었다. 하지만 현실적으로 과거 시험을 준비할 수 있는 경제적, 시간적 여유가 있는 사람은 대부분 양반이었기 때문에 거의 양반들만 과거 시험을 볼 수 있었다.

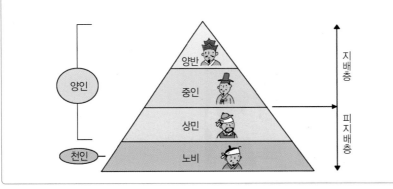

지금도 성균관이 있어요?

일제 강점기 때 성균관의 교육은 사실상 중단되었다. 하지만 1945년 광복 이후 성균관의 이름을 다시 되찾았다. 현재는 문화체육관광부 아래의 단체로 유교와 전통문화 전문 교육기관으로 운영되고 있다. 옛 성균관 건물의 일부인 명륜당이 서울특별시 종로구 명륜동 성균관 대학교 안에 남아있다. 명륜당은 보물 제141호로 지정되어 보호되고 있다.

명륜당

성균관 유생들이 주인공으로 나오는 드라마

성균관 스캔들(2010)

세종대왕

세종대왕은 조선시대 네 번째 왕으로 한글을 만들었다.

세종대왕이 누구예요?

세종대왕(1397~1450)은 조선시대의 네 번째 왕이다. 세종대왕이 왕이었던 시기에 조선은 정치, 경제, 사회, 문화 등이 크게 발전했고 여러 가지 법과 제도가 만들어졌다.

세종대왕은 많은 업적을 남겼다. 그중에서 가장 큰 업적은 한국어를 말하는 대로 쓸 수 있고 배우기 쉬운 글자인 훈민정음을 만든 것이다. →언어

세종대왕은 과학과 기술의 발전에도 크게 힘썼다. 태양과 달 등의 위치를 관측할 수 있는 기계와 해시계, 물시계를 만들었다. 비가 얼마나 왔는지 측정하는 기계도 만들었다.

관측하다
자연현상을 관찰하고 예측하다.

태양과 달의 위치를 관측할 수 있는 기계(혼천의)

해시계(앙부일구)

물시계(자격루)

비가 얼마나 왔는지 측정하는 기계(측우기)

세종대왕의 시기에는 인쇄 기술이 발전되어 책이 많이 만들어졌다. 이 중 한국의 자연환경에 맞게 농사를 짓는 방법을 설명한 책도 만들어졌다. 한국에 맞는 농사 기술에 대한 책이 만들어진 덕분에 이 시기에 농업이 발전하게 되었다.

만 원 지폐 속 세종대왕

또 이 시기에는 전통 악기와 전통 음악이 많이 만들어지는 등 음악도 크게 발전했다. →전통 악기 이렇게 여러 분야에서 발전을 이룬 덕분에 한국 화폐 만 원에 세종대왕의 얼굴이 들어가 있다. →화폐

서울에 세종대왕 동상이 있어요.

경복궁 앞의 세종로에 있는 광화문 광장에는 세종대왕 동상이 있다. →궁궐

한 손은 책을 들고 다른 손은 백성들을 격려하는 모습이다. 세종대왕 동상 앞에는 혼천의, 해시계와 물시계, 측우기가 있다. 동상 뒤에는 세종 이야기 전시관으로 갈 수 있는 입구가 있다.

광화문 광장의 세종대왕 동상

'세종대왕상'도 있어요.

세종대왕상은 유네스코에서 주는 상으로 정식 이름은 '세종대왕 문맹퇴치상(King Sejong Literacy Prize)'이다. 글을 읽거나 쓸 줄 모르는 사람들이 없도록 노력하는 사람이나 단체를 격려하기 위해 만든 상이다. 이 상의 이름이 '세종대왕상'인 이유는 세종대왕이 글을 읽거나 쓰지 못하는 사람들을 위해 훈민정음을 만들었기 때문이다.

문맹퇴치
글을 읽거나 쓰지 못하는 사람들에게 읽고 쓰는 방법을 가르쳐서 알게 하는 것

신사임당

신사임당은 시·그림·글씨에 뛰어났던 조선시대의 예술가이다

신사임당이 누구예요?

신사임당(1504~ 1551)은 조선시대 예술가로 시·그림·글씨에 뛰어났다. 조선시대 성리학자 율곡 이이의 어머니이다. ―아이 신사임당의 이름은 확실하게 남아있는 기록이 없어서 정확하게 알 수 없다. 성은 '신'이고, 호가 '사임'이었다. 여기에 여성들이 지내던 방을 뜻하던 '당(堂)'을 붙여 '신사임당'이라고 불린다. 강원도 강릉에서 태어났으며 그녀가 태어난 집인 '오죽헌'은 강릉에 지금도 보존되어 있다.

호
원래의 자기 이름 말고 편하게 부를 수 있도록 지은 이름

강릉에 있는 오죽헌

예술가 신사임당

신사임당은 시와 그림에도 놀라운 재능이 있었다. 7살 때부터는 그림을 정식으로 배웠으며 특히 자연 풍경, 과일, 곤충 등을 그리는 데 뛰어났다. 신사임당의 곤충 그림을 마당에 내놓았더니 닭이 와서 진짜 살아있는 곤충인 줄 알고 먹으려고 해서 종이가 뚫어질 뻔 했다는 이야기도 전해진다.

신사임당의 그림

오만 원 지폐에 신사임당이 있어요.

2009년 한국은행은 오만 원 지폐를 새로 만들었다. 남녀평등의 사회 분위기에 따라 여성 인물을 화폐에 넣기로 해서 신사임당이 선정되었다. 신사임당은 뛰어난 여성 예술가이자 교육자이기 때문이다. →화폐

오만 원 지폐 속 신사임당

신사임당의 이야기를 다룬 드라마

사임당, 빛의 일기(2017)

이순신

이순신은 조선시대에 일본과의 전쟁에서 큰 승리를 거둔 무관이다.

Ⅱ. 한국 전통 사회와 문화

무관
현재의 직업 군인과 비슷한 직업

이순신이 누구예요?

이순신(1545~1598)은 조선시대의 무관이다. 一성균관 조선시대의 무관들 중에서 특히 이순신이 유명하다. 그 이유는 일본과의 전쟁에서 큰 승리를 거둔 군인이기 때문이다. 이순신은 많은 한국인들이 존경하고 좋아하는 인물이기 때문에 한국에서 많이 사용하는 백 원짜리 동전의 인물로 선정될 수 있었다.

백 원 동전 속
이순신

거북선

거북선은 이순신이 만든 배이다. 1592년에 일본이 조선을 침략하여 시작된 전쟁(임진왜란)에서 이순신은 거북선을 만들어 남해 바다에서 여러 번 승리하였다. 거북선은 전체적으로 거북 모양을 하고

전쟁기념관에 있는 거북선

■ 임진왜란
1592년(임진년)에 시작된
조선과 일본의 전쟁

화포

있다. 거북선의 윗부분은 뾰족한 칼 같은 것이 많이 꽂혀 있고, 앞과 옆 부분에는 화포를 설치하여 여러 방향에서 공격할 수 있게 한 것이 특징이다.

난중일기

난중일기

난중일기는 이순신이 전쟁 중에 쓴 일기이다. 난중일기는 전쟁에 참여한 군인이 직접 역사적 사실을 기록하였다는 점에서 매우 중요한 자료이다. 난중일기의 내용은 이순신 개인의 가치관에서부터 정치·군사적 내용에 이르기까지 다양하다. 특히 임진왜란의 상황을 아주 구체적으로 알려주는 내용도 포함하고 있어서 전쟁을 연구하는 데 필요한 역사적 자료로서 큰 가치를 지니고 있다. 난중일기는 그 가치를 인정받아 1962년 국보 제76호로 지정되었을 뿐만 아니라 2013년에는 유네스코 세계기록유산으로 선정되었다.

이순신을 주인공으로 한 영화
명량(2014)

이이

이이는 현실 개혁에 힘쓴 조선시대의 성리학자이다.

이이가 누구예요?

이이(1536~1584)는 조선시대의 성리학자이다.
호가 '율곡'으로 율곡 이이라고도 부른다.
신사임당의 셋째 아들이다. →신사임당 한국
화폐 오천 원에 얼굴이 들어가 있다. →화폐

오천 원 지폐 속 이이

> **성리학**
> 성리학은 유학의 한 종류이다. 중국 송나라(960~ 1279)때 '주희'가 만들었다고 해서 주자학이라고도 한다.
> 성리학은 우주, 세계 그리고 인생의 기본적인 문제에 관심을 가진다.

사회 개혁가

이이는 이론보다 실천을 더 중요하게 생각하는 학자였다. 그래서 정치에
참여하며 실제적인 사회 개혁에 힘썼다. 국방 부분에서 개선해야 할 점을
왕에게 이야기한 것으로 유명하며, 불편한 세금 제도를 개선하는 방법을
제안하는 등 현실 개혁에 힘썼다.

국방
다른 나라가 침략할 때를 대비하
여 미리 국토를 지키는 일

이황

이황은 한국의 성리학을 완성한 조선시대의 학자이다

이황이 누구예요?

이황(1501~1570)은 한국의 성리학을 완성시킨 학자이다. 호는 '퇴계'로 퇴계 이황이라고도 부른다. 1528년에 소과에 합격하여 성균관에 들어갔으며, 1534년 과거 시험에 합격하였다. 1543년에는 성균관에서 학생들을 가르치기 시작했다. →성균관 조선시대에 율곡 이이와 함께 성리학을 완성시켰다고 평가받고 있다. 한국 화폐 천 원에 이황의 얼굴이 들어가 있다. →화폐

천 원 지폐 속 이황

이황은 자연이나 우주의 문제보다 인간의 마음과 도덕적인 문제를 더 중요하게 생각하는 한국적인 성리학을 완성시켰다.

도산서원

이황은 1560년 고향 경상북도 안동에 도산서원을 짓고 여기에서 지내면서 책도 쓰고 학생들도 교육하였다. 이황은 도산서원에서 《주자서절요》, 《성학십도》 등의 책을 완성하였다. 《주자서절요》는 성리학을 만든 주희

서원
지방에 있는 사립학교

의 가르침 중 중요한 내용을 정리한 책이며, 《성학십도》는 성리학을 그림과 함께 쉽게 쓴 책이다.

도산서원

인삼

인삼은 약의 재료로 쓰이며 한국의 인삼은 세계적으로 유명하다.

한국의 인삼이 왜 유명해요?

인삼의 뿌리는 건강에 도움이 되기 때문에 약의 재료로 쓰인다. 인삼이 자라는 데에 한국이 가장 좋은 자연환경이어서 한국의 인삼은 세계적으로 유명하다.

옛날부터 한국의 인삼은 품질이 좋아서 유명했다. 고려시대에 아라비아와 동남아시아, 중국 등 여러 나라와 활발한 무역이 이루어졌고 그때 인삼은 중요한 무역 상품이었다. 그래서 품질이 좋은 한국의 인삼을 지금도 '고려인삼'이라고 부른다. 고려시대에는 인삼을 장기간 보존할 수 있는 '홍삼'을 만드는 기술도 등장했다. 인삼은 조선시대에 더욱 중요한 수출품이 되었다.

코리아(Korea)라는 이름은 언제부터?
아라비아와 동남아시아, 중국 등 여러 나라와 활발한 무역이 이루어졌던 고려는 외국인에게 '코레'로 불렸다.
이것이 시간이 지나면서 '코레아'가 되었고 오늘날 영어식 표기인 '코리아(Korea)'가 되었다.

산삼·인삼·홍삼

자연에서 자란 인삼을 '산삼'이라고 하고 밭에서 자란 것은 '인삼'이라고 한다. 수분이 많은 인삼은 오랜 기간 보관하는 것이 어려워서 인삼을 오랫동안 보관하기 위해 만든 것이 '홍삼'이다. 인삼을 쪄서 말리면 인삼의 쓴맛이 빠지고 단맛이 강해진다. 맛도 좋고 보관하기도 편해서 보통 홍삼의 형태로 많이 먹는다.

수분
물기

홍삼의 제조 과정

인삼 ➡ 씻기 ➡ 찌기 ➡ 말리기 ➡ 홍삼

다양한 홍삼 제품

전통 시장

전통 시장은 물건을 사고팔던 옛날의 시장 모습이 남아있는 곳이다.

전통 시장이 뭐예요?

전통 시장은 옛날부터 물건을 사고팔던 장소가 그대로 이어져서 내려온 곳을 말한다. 옛날부터 있었다는 뜻에서 '재래 시장'이라고 부르기도 한다. 그중에서는 조선시대부터 시장이었던 곳도 있고 조선시대 이후에 생겨난 곳도 있다. 전통 시장은 현대화된 마트와는 달리 작은 가게들이 모여서 하나의 큰 시장을 이룬다는 특징이 있다.

어디에 전통 시장이 있어요?

전통 시장은 서울뿐만 아니라 각 지방마다 여러 곳에 있다. 서울의 대표적인 전통 시장은 광장시장, 통인시장, 동대문 시장, 남대문 시장 등이다. 부산에도 국제시장, 자갈치시장 등 유명한 전통 시장이 많다. 이러한 전통 시장은 일 년 내내 문을 여는 시장이라 언제든지 찾아가 볼 수 있다. 전통 시장에서는 다양한 물건을 살 수 있을 뿐만 아니라 맛있는 먹을거리와 볼거리도 많다. 그래서 전통 시장은 관광지로도 유명하다.

재래
예전부터 있어 전하여
내려옴

삼(3)일장과 오(5)일장

지방에 가면 3일에 한 번 열리는 '삼일장'과 5일에 한 번 열리는 '오일장'이라는 전통 시장이 있다. 삼일장과 오일장은 조선 후기에 상업이 발달하면서 전국 곳곳에서 생겨났다. 삼일장과 오일장은 물건을 파는 사람들이 몇 개의 마을을 정해 차례대로 하루씩 이동하며 시장을 여는 것이다. 3일에 한 번씩 돌아오는 삼일장보다는 5일에 한 번씩 돌아오는 오일장이 더 일반적이었다.

이러한 오일장의 전통은 현재까지도 지방에 많이 남아있다. 경기도의 모란 오일장, 양평 오일장, 충청남도의 당진 오일장, 강원도의 정선 오일장 등이 유명하다. 오일장이나 삼일장에서는 각 지방의 특색을 살펴볼 수 있는 특산물이 있어서 구경해 볼 만하다.

강원도 정선 오일장 모습

특산물
그 지역에서 생산되는 특별한
산물(제주도의 귤, 강원도의
옥수수 등)

특별한 재미가 있는 전통 시장 : 통인시장

재미있는 한국문화 체험을 할 수 있는 전통 시장이 있다. 서울에 있는 통인시장에 가면 엽전 도시락을 먹을 수 있다. 옛날 고려와 조선시대에 사용하던 옛날 동전을 '엽전'이라고 부르는데, 엽전을 사서 그것으로 반찬이나 간식을 사먹는 체험을 하는 것이다. 엽전으로 김밥, 떡볶이, 전, 떡갈비는 물론이고 다양한 간식을 살 수 있다. 이 엽전으로 산 음식들은 시장 중앙에 있는 도시락 카페에 가서 먹을 수 있다.

엽전

통인시장 엽전 도시락

동대문 시장-닭칼국수

통인시장-기름떡볶이

방학동 도깨비시장
수유재래시장
창동신방시장
공릉 도깨비시장
연서시장
우림골목시장
청룡시장
대림시장
인왕시장
온암제일시장
동대문시장
경동시장
통인시장
동화벼룩시장
영천시장
광장시장
청산녹문구완구시장
중부제일골목시장
남대문시장
마장축산시장
암사종합시장
박탄시장
신평중앙시장
길동골목시장
화곡동시장
양원시장
용문시장
꺼러시장
양평시장
신명시장
강남시장
새마을시장
영동포 전통시장
영동시장
방이시장
남구로시장
양재시장
신원시장
남대문 시장-갈치조림
남문시장
현대시장

광장시장-빈대떡

서울의 전통 시장과 유명한 먹을거리

전통 의례

한국의 전통 의례에는 관례, 혼례, 상례, 제례가 있다.

전통 의례가 뭐예요?

조선시대에는 유교의 영향으로 나라의 행사뿐만 아니라 집안의 행사도 유교에서 정한 의례에 따라 행해졌다. 그중에서 사람이 살면서 겪게 되는 관례, 혼례, 상례, 제례를 가장 중요한 일이라고 생각했다.

관례는 어른이 되는 의식이고 혼례는 남자와 여자가 부부가 되는 의식이다. 상례는 사람이 죽었을 때 하는 의식이고 제례는 돌아가신 조상을 위한 의식이다. 이 네 가지를 줄여서 '관혼상제'라고 한다.

의례
어떤 행사에서 하는 일정한 의식

관례, 어른이 되는 의례

남자는 상투를 올리고 여자는 비녀를 꽂는 의식을 했다. 관례를 마치면 어른이 된 것으로 여겼다.

관례를 행하기 전에는 남자 여자
모두 머리를 길게 땋아 내렸다.

남자는 상투를 올린다.

관례

관례를 행하기 전에는 남자 여자
모두 머리를 길게 땋아 내렸다.

여자는 비녀를 꽂는다. →한복

혼례

혼례, 부부가 되는 의례

혼례는 남자와 여자가 부부가 되는 의
식이다. →결혼식 두 집안이 혼례를 올리
기로 결정되면 신랑의 집에서 신부의
집으로 편지를 보낸다. 이 편지에는 신
랑의 사주, 즉 태어난 날짜와 시간이
적혀 있다. →점·사주·궁합 편지를 받은 신
부의 집에서 혼례 날짜를 정한다.

신랑의 사주가 적힌 편지

함

혼례 전날 밤에 신랑 집에서 신부의 집으로 예물(결혼 약속 편지, 선물 등)
이 들어있는 함을 보낸다. 함을 메고 가는 사람을 '함진아비'라고 한다.

혼례는 신부의 집에서 행해졌다. 신랑과 신부가 서로 절을 주고받은 후
술을 마신다. 이것은 두 사람이 부부가 되는 것을 의미한다.

■ 대추와 밤
대추는 아들,
밤은 딸을
의미한다.

신부의 집에서 혼례가 끝난 후 신랑의 집으로 가서 폐백을 한다. 신부의 집
에서 가지고 온 대추와 밤, 술, 과일 등을 상에 올리고 신랑의 부모님과 친
척들에게 인사를 한다. 이때 신랑의 부모님은 대추와 밤 등을 던져주며 자
식을 많이 낳고 행복하게 살라고 이야기해준다.

상례, 사람이 죽은 뒤 하는 의례

상례는 사람이 죽은 후에 치르는 의식이다. →장례식 사람이 죽으면 죽은 사람의 이름을 적은 나무패를 모셔두는 곳을 집안에 차린다. 가족들은 삼베로 만든 상복을 입고 손님을 맞이하였다.

화려한 모양과 색으로 장식한 상여에 죽은 사람을 넣어 무덤까지 옮긴다. 이것을 들고 가는 사람들은 슬픈 노래를 부르면서 갔다.

효가 중요했던 조선시대에는 부모님이 돌아가시면 자식은 3년 동안 상복을 입고 무덤 근처에 집을 짓고 살았다. →효 부모님이 살아 계실 때와 똑같이 아침과 저녁으로 인사를 드렸다.

제례, 돌아가신 조상을 위한 의례

전통적으로 한국 사람들은 부모님이 돌아가신 후에도 효를 다해야 한다고 생각했다. →효 그래서 해마다 조상이 돌아가신 날이나 명절에 정성껏 음식을 준비해서 의식을 행했다. →제사 제례는 집안의 크고도 중요한 행사였기 때문에 그때마다 친척들이 모두 모였다. 제례는 효 사상과 함께 가족을 중요시하는 한국의 문화와도 깊은 연관이 있다. →가족

제례의 모습

상례

삼베

상복

상여
죽은 사람을 넣어서 무덤까지 옮기는 도구

■ 3년의 의미
태어나서 3세까지는 혼자 생활할 수 없기 때문에 이때 길러주신 부모님의 은혜를 갚는다는 의미

제사

제사는 신이나 조상들에게 음식을 준비해서 정성을 보여주는 의식이다.

왜 제사를 지내요?

사람들은 오래전부터 신에게 안전과 행복을 빌었다. 이것이 제사의 시작이다. 한국에서 현재와 같은 형태의 제사가 등장한 것은 조선시대이다. 조선시대에는 유교가 정치, 경제, 사회뿐만 아니라 사람들의 일상 생활에까지 영향을 미쳤다. 유교에서는 '효'를 중요하게 생각하기 때문에 돌아가신 조상에 대한 그리움과 존경을 표현하기 위해서 '제사'라는 의례를 지낸다. ━효 조선시대에는 나라의 왕이 먼저 제사를 지내는 장소인 '종묘'를 만들어 왕의 조상에게 제사를 지냈다. 제사는 평소에는 모이기 어려운 가족들이 함께 모여 안부도 묻고 돌아가신 조상을 생각하면서 제사 음식을 나누어 먹는다는 의미도 있다. 조선 전기까지 제사는 아들과 딸 모두 지낼 수 있었다. 그러나 조선 후기부터 남성 중심의 사회적 분위기가 강해지면서 남성의 집안 중심으로 제사를 지내게 되었다. 그러나 한국 사람이라고 해서 모두 제사를 지내는 것은 아니다. 한국의 개신교에서는 제사를 다른 '신'을 믿는 것으로 생각하기 때문에 제사를 지내지 않고 기도로 제사를 대신한다. 개신교가 아니어도 최근에는 제사를 점점 간소하게 지내는 집이 많아지고 있다.

종묘의 제사의례

제사상

제사의 종류

제사의 종류는 크게 세 가지가 있다.

• 그 사람이 죽은 날짜에 지내는 제사

원래 밤 11시~새벽 1시에 지내는 것이 원칙이다. 그러나 너무 늦은 시간에 지내는 것이 힘들기 때문에 요즘에는 그보다 이른 시간에 지내기도 한다.

• 설날과 추석 등 명절에 지내는 제사

이것을 '차례'라고 부른다. 보통 명절 아침에 지낸다.

• 조상의 무덤에 찾아가 지내는 제사(묘제)

무덤에 찾아가 제사를 지내는 모습

제사에는 규칙이 있어요.

- 복숭아는 귀신을 쫓아낼 때 사용하는 과일이라고 생각해서 제사상에 놓지 않는다.

- 팥이 들어간 음식들도 귀신을 쫓아낸다고 생각해서 제사상에 놓지 않는다.

- 제사 음식을 만들 때에는 고춧가루, 마늘 등은 귀신을 쫓는다고 해서 넣지 않는다.

- 제사를 지낸 뒤에 제사 음식을 가족들과 함께 나눠 먹는다. 이것을 '음복'이라고 한다.

- 제사상에 대해서는 '홍동백서(紅東白西)'라는 말이 있는데 붉은색 음식은 동쪽에 흰색 음식은 서쪽에 올려놓는다는 뜻이다.

- 제사상은 지역마다 조금씩 다르지만 대부분 첫 번째 줄에는 밥과 국을, 두 번째 줄에는 전을, 세 번째 줄에는 탕을, 네 번째 줄에는 나물을, 마지막 줄에는 과일을 놓는다.

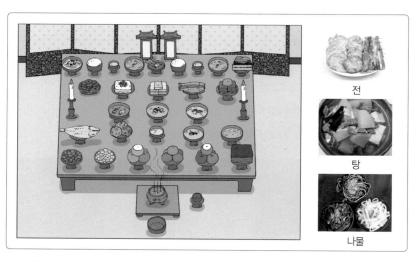

전

탕

나물

제사와 관련된 속담
- ▶ 남의 집 제사에 감 놔라 배 놔라 한다.　　: 자기와는 상관없는 일에 간섭하고 참견한다.
- ▶ 남의 집 제사에 절하기　　　　　　　　: 상관없는 남의 일에 참여하여 헛수고한다.

팔만대장경

팔만대장경은 불경을 인쇄하기 위해 만들어진 목판이다.

팔만대장경은 책이 아니에요.

경남 해인사에 보관되어 있는
대장경판의 모습

팔만대장경은 책이 아니라 **불경**을 인쇄하기 위해서 만든 목판(나무로 만든 판)이다. 목판의 수가 8만여 개나 되어서 팔만대장경이라고 부른다. 그러나 원래 이름은 '해인사 대장경판'이다. 경상남도에 있는 '해인사'라는 절에 보관되어 있는 '대장경(불교의 책을 종합한 것)'이라는 뜻이다.

불경
불교의 가르침을 담은 책

왜 팔만대장경을 만들었어요?

고려는 1231년부터 1259년까지 여섯 차례나 **몽골**의 침략을 받았다. 거의 30년에 가까운 기간 동안 전쟁이 계속되었기 때문에 고려 사람들은 모두 한 마음으로 몽골을 물리치고 힘든 전쟁을 끝내고자 하였다. 그리고 이러한 마음을 담아 팔만대장경을 만들었다.

팔만대장경은 1236년부터 1251년까지 16년이라는 긴 시간 동안 제작되었

몽골
13세기 초에 칭기즈 칸(Chingiz Khan)이 세운 나라

다. 또 팔만대장경을 만들었던 사람들의 신분도 매우 다양했다. 왕족에서부터 일반 사람들에 이르기까지 다양한 사람들이 제작에 참여했다. 이처럼 팔만대장경은 전쟁을 이겨내고자 한 고려시대 사람들의 마음이 하나로 모여 만들어진 것이다.

팔만대장경은 어떤 의미가 있어요?

고려 사람들은 긴 전쟁을 이겨내기 위해 정성을 다해 팔만대장경을 만들었다. 한 글자를 새길 때마다 절을 세 번씩 했다고 한다. 그래서 수천만 개의 글자 모양이 매우 고르고 잘못된 글자가 하나도 없다.

팔만대장경은 이렇게 어려운 시기를 이겨내고자 한 고려시대 사람들의 강한 의지가 담겨있기 때문에 1962년에 국보 제32호로 지정되었다. 또한 팔만대장경은 한국의 불경뿐만 아니라 일본, 중국의 불경 내용까지 포함하고 있어서 세계적으로도 중요한 역사적 가치를 인정받아 2007년에 유네스코 세계문화유산으로 지정되었다.

한국의 인쇄술

가장 처음으로 발명된 인쇄술은 목판을 이용한 방식이었다. 목판 인쇄를 통해 만들어진 책 중 현재 우리가 찾아볼 수 있는 가장 오래된 것은 한국의 국보로 지정된 《무구정광대다라니경(無垢淨光大陀羅尼經)》이다. 이것은 세계 최초의 인쇄물로서 751년 이전에 인쇄된 것이라고 한다. 현재 이보다 더 오래된 목판 인쇄물은 찾아볼 수 없다.

금속활자, 즉 금속으로 만든 글자판도 한국에서 세계 최초로 발명되었다. 세계 최초의 인쇄라고 하면 독일의 구텐베르크를 떠올리지만 한국의 금속활자는 그보다 78년이나 더 앞서 고려에서 발명되었다. 현재 고려시대에 사용했던 금속활자는 전해지지 않지만 금속활자로 인쇄된 책은 남아 있다. 전 세계에 남아있는 금속활자로 인쇄된 책 중 가장 오래된 것은 《직지심체요절(直指心體要節)》로 1377년에 인쇄된 것이다. 이 책은 2001년에 유네스코 세계기록유산으로 지정되었다.

금속활자(왼쪽), 직지심체요절(오른쪽)

풍수

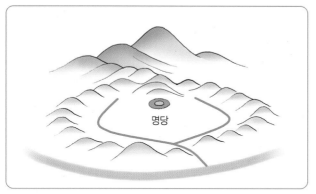

풍수는 좋은 땅이 어디인지 찾고 연구하는 동양의 전통 사상이다.

풍수가 뭐예요?

풍수는 이사를 가거나 조상의 무덤을 만들 때, 그리고 나라의 수도를 정할 때 좋은 땅이 어디인지 찾고 연구하는 동양의 전통 사상이다. 한국 사람들은 옛날부터 좋은 땅을 골라 이사하거나 조상의 무덤을 어디로 할지 정하였다. 조상의 무덤이 좋은 자리에 있으면 자녀들이 성공한다고 믿었기 때문이다. 풍수에서는 좋은 땅을 '명당'이라고 부른다.

풍수는 신라시대에 중국에서 전해졌고, 고려시대와 조선시대에는 일반 사람들에게까지 널리 퍼져 많은 사람들의 생활 속에 깊이 자리 잡았다.

풍수는 '배산임수'가 중요해요.

풍수에서 자주 사용되는 말에는 '배산임수'가 있다.

배산임수(背山臨水)는 '산을 뒤에 두고 물을 앞에 놓는다'라는 뜻이다. 풍수에서는 배산임수의 땅이 가장 명당이라고 말한다. 실제로 뒤에 산이 있으면 차가운 바람을 막아주고 앞에 물이 흐르면 물을 얻기가 쉬워서 생활하기에 좋은 점이 많다. 풍수에서는 만약 반대로 물이 뒤에 있고, 산을 바라보면 생활이 힘들고 불행해진다고 설명한다.

풍수를 이용한 경복궁의 위치

서울을 수도를 정할 때도 풍수를 이용했다. 경복궁도 풍수를 고려한 대표적인 예이다. 경복궁의 뒤에는 북악산이 있고, 앞에는 청계천과 한강이 흐른다. →궁궐

현대 풍수 : 풍수 인테리어

풍수를 미신이라고 하며 무시하던 때도 있었으나 현재는 집 안의 가구 배치 등 인테리어에서도 다양하게 이용되고 있다. →점·사주·궁합 그러나 모든 사람들이 풍수를 이용하는 것은 아니다.

'큰 거울은 돈이 들어오는 것을 다시 돌려보낼 수 있으니 현관에서 바로 보이게 걸어 놓지 않는다.'

전기제품 옆에는 식물을 두어서 나쁜 기운을 없애는 것이 좋다.

쇼파는 거실 입구부터 멀리 있는 것이 좋으며, 현관문을 바라보지 않게 한다.

'밖에서 들어오는 안 좋은 기운이 들어오지 못하도록 현관 입구에 매트를 깔아놓는다.'

풍수와 관련된 영화

명당(2018)

한복

한복은 한국의 전통 옷이다.

한복의 특징은 뭐예요?

한복은 한국 사람들이 옛날부터 입었던 한국의 전통 옷이다. 한국 사람들은 옛날부터 조화를 중요하게 생각했다. 그래서 한복의 모양은 직선과 곡선이 조화를 이루고 있다. 또 몸에 꽉 붙지 않아서 편하다. 전통적인 한복은 주머니가 없다. 또 옷에 지퍼나 단추도 없어서 고름, 대님, 허리띠를 묶어서 옷을 고정한다.

직선(一)
곡선(／)

고름
저고리
소매
치마

여자의 한복은 치마와 저고리로 이루어져 있다. 저고리는 짧고, 치마는 길면서 풍성한 것이 특징이다.

저고리
바지
대님

남자의 한복은 바지와 저고리로 이루어져 있다. 바지를 입은 뒤에는 허리띠와 대님을 맨다.

한복 모양은 조금씩 바뀌었어요.

한복은 문화와 상황, 그리고 아름다움에 대한 기준 등에 따라 모양이 조금씩 바뀌기도 했지만 기본적인 전통은 계속 유지되고 있다.

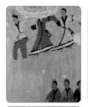    

삼국시대	고려시대	조선시대	현대	
삼국시대 한복은 긴 저고리와 넓은 소매, 그리고 허리띠가 있었다.	고려시대 말기에는 고름이 생기기 시작하였다.	조선 중기부터 여자 저고리의 길이가 짧아지기 시작했다.	•결혼식이나 기념일 등의 특별한 날이나 명절에 입는다.	•쉽게 입을 수 있고 활동하기에도 편한 한복을 만들어서 입기도 한다.

한복 색깔의 의미

옛날부터 한국 사람들은 하얀색 한복을 즐겨 입었다. 그래서 '백의민족'(하얀 옷의 민족)이라고 불렸다. 하얀색은 순수함과 깨끗함을 상징한다.

 여러 가지 색이 있는 한복을 색동저고리라고 한다. 저고리의 소매를 여러 가지 색으로 한 칸씩 이어서 만든 것이다. 색동저고리는 보통 명절에 어린아이가 입어서 즐거운 분위기를 만들었다.

 전통적으로 결혼한 지 얼마 안 된 여자들은 붉은 치마에 연두색 저고리를 입었다.

한복과 함께하는 장신구(액세서리)

복주머니	비녀	족두리	노리개	꽃신
허리에 차고 다니거나 손에 들고 다니던 주머니	여자의 머리에 꽂는 장신구	전통 혼례식에서 신부가 쓰던 장신구 →전통 의례	한복 저고리의 고름이나 치마에 다는 장신구	여러 가지 색깔로 꾸민 전통 신발

한의학

한의학은 한국의 전통 의학이다.

한의학은 일반 의학과 어떻게 달라요?

우리가 지금 일반적으로 가는 병원은 대부분 서양 의학을 기본으로 하는 병원이다. 그러나 이러한 서양 의학과 구분되는 동양 의학이 있는데, 그중에서도 한국에서 발전한 전통 의학을 한의학이라고 부른다. 한의학은 동양 의학이지만 중국과 일본의 전통 의학과는 다른 점이 있다. 한의학에서는 각 사람이 자신만의 체질을 가지고 있다고 설명한다. 그래서 병의 치료 방법도 각 사람의 체질에 따라 달라져야 한다고 믿는다. 이는 자연과 사람에 대한 이해를 바탕으로 하는 조선시대의 성리학적 세계관의 영향을 받은 한의학만의 특징이다. →이어

체질
사람이 태어날 때부터 가지고 있는 몸의 특질

한의원·한의사·한약

한의학으로 병을 치료하는 병원을 '한의원' 또는 '한방병원'이라고 한다. 그리고 한의원에서 병을 치료하는 의사를 '한의사'라고 한다. 한의원에 가면 한의사는 먼저 환자의 체질을 알아보기 위해 몇 가지 질문을 한 후에 진맥을 본다.

보통 한국인들은 허리나 목이 아플 때 한의원에 가서 침을 맞는다. 그리고

진맥을 보다

침을 맞다

뜸을 뜨다

몸이 차거나 몸의 기운이 떨어졌을 때는 뜸을 떠서 치료하기도 한다. 또 한의원에서 환자의 치료를 위해 먹게 하는 약을 '한약'이라고 한다. 특별히 병이 없어도 체력을 보충하기 위해 한의원에 가기도 한다. 이때 먹는 한약을 '보약'이라고 한다.

한의원

한의사

한약

허준의 '동의보감'

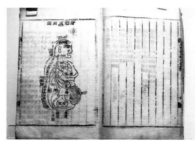

동의보감

허준은 조선시대에 유명한 한의사이자 한의학자이다. 허준은 그 당시까지의 한의학 지식을 모두 모아 한의학 책을 썼는데 그것이 바로 '동의보감'이다. '동의'는 조선의 의학이라는 뜻이고, '보감'은 보물과 같은 귀중한 책이라는 뜻이다. 즉, 동의보감은 조선의 의학에 관련된 모든 지식을 적어 놓은 의학 백과사전과 같은 책이다. 허준은 1596년부터 1610년까지 무려 15년간 이 책을 썼다.

허준의 삶을 그린 드라마

허준(2013)

효

효는 부모를 높이고 존경하는 자녀의 마음과 행동을 말한다.

옛날부터 한국에서는 효를 중요하게 생각했어요.

효의 한자(孝)를 보면 아들(子)이 늙은 부모(耂)를 업고 있는 모양이다. 이처럼 효는 부모를 높이고 존경하는 자녀의 마음과 행동이다. 효는 삼국시대부터 교육기관에서 가르치기 시작했으며 신라와 고려시대의 교육기관에서는 필수과목이었다. 조선시대에 와서는 유교가 모든 생활에 영향을 미쳤기 때문에 더욱 효가 강조되었다. 효는 가족을 중시하는 한국문화 안에서 여전히 강조되고 있다. →가족

옛날 한국 사람들은 어떻게 효를 실천했어요?

조선시대에는 유교가 강조되면서 효가 한국 사람들의 모든 생활에 영향을 미쳤다. 자녀는 부모가 살아 계실 때는 정성을 다하여 모셨다. 그리고 부모가 돌아가시면 3년 동안 무덤 근처에 집을 짓고 살면서 부모님의 무덤을 돌보며 아침저녁으로 인사를 드렸다. →전통 의례
해마다 조상께 드리는 제사도 중요했다. →제사 제사를 책임지는 사람은 아들이었기 때문에 아들을 낳는 것도 효라고 생각했다. →가족 또 부모가 낳아주신 몸을 망가뜨리는 것은 효가 아니라고 생각했기 때문에 사람들

필수과목
반드시 배워야 하는 과목

은 머리카락을 자르지 않고 길렀다.

대표적인 효 이야기 : 효녀 심청

부모에게 효도하는 아들을 '효자', 딸을 '효녀'라고 한다. 한국의 옛날이
야기에는 효자와 효녀의 이야기가 많다. 특히 효녀 심청의 이야기가 유명
하다. 눈이 보이지 않는 심청의 아버지는 부인 없이 혼자 심청을 키운다.
심청이는 바다에 제사를 지낼 때 자기의 몸을 신께 바치면 눈이 보이지
않는 아버지가 볼 수 있게 된다는 말에 바다에 뛰어든다. 심청의 효에 감
동한 용왕은 심청을 연꽃에 태워 다시 세상으로 보냈고 연꽃에서 나온 심
청은 왕과 결혼을 하였다. 왕비가 된 심청을 만난 아버지는 반가움과 놀
라움에 눈을 뜬다. 아버지를 위하여 목숨도 바치는 심청의 이야기는 한
국사회에서 효의 모습을 어떻게 생각했는지 보여준다.

효녀 심청
이야기

용왕
바다의 신

연꽃

꼭 알아야 할
한국문화 100

Ⅲ.
한국 현대
사회와 문화

갑질
강남·강북
군대
대통령
독도
등산
민주화 운동
밥
배달 문화
수능
'우리'
응원 문화
재벌
점·사주·궁합
제주도
종교
줄임말
체면·눈치
촛불집회
판문점
학교
학원
한강
한국전쟁
회식

갑질

갑질은 지위가 높은 것을 이용해 상대방에게 함부로 대하는 행동이다.

갑질이 뭐예요?

갑질은 힘이나 지위를 가진 사람이 자신보다 지위가 낮은 사람에게 함부로 하는 행동을 뜻하는 말이다. 높고 중요한 지위에 있는 사람이라는 뜻의 '갑'에 좋지 않은 행동을 나타내는 '-질'을 붙여서 갑질이라는 새로운 말이 만들어졌다. 갑은 **동양 철학에서 말하는 10가지 순서**에서 나왔다. 그래서

■ 동양철학의 10가지 순서
갑(甲)
을(乙)
병(丙)
정(丁)
무(戊)
기(己)
경(庚)
신(辛)
임(壬)
계(癸)

근로계약서

사업주 주식회사 ○○○(이하 "갑")과(와) 근로자 ○○○(이하 "을")은 다음과 같이 근로계약을 체결한다.

1. 근로개시일 :   년   월   일부터
2. 근 무 장 소 :
3. 업무의 내용 :
4. 소정근로시간 : __시__분부터 __시__분까지 (휴게시간 : 시 분 ~ 시 분)
5. 근무일/휴일 : 매주 __일(또는 매일단위)근무, 주휴일 매주 __요일
6. 임 금
   - 월(일, 시간)급 : _____원
   - 상여금 : 있음 (   ) _____원, 없음 (   )
   - 기타급여(제수당 등) : 있음 (   ), 없음 (   )
     · _____원, _____원
     · _____원, _____원
   - 임금지급일 : 매월(매주 또는 매일)   일(휴일의 경우는 전일 지급)

높고 중요한 지위에 있는 사람을 갑, 그에 비해 낮은 지위에 있는 사람을 을이라고 부른다. 원래 한국에서는 '갑'과 '을'은 계약서를 쓸 때 많이 사용되던 말이다. 계약 관계에서 더 중요한 자리에 있는 사람을 '갑(甲)'이라고 하고 그 반대쪽의 사람을 '을(乙)'이라고 한다. 계약서에 이름을 쓸 때 매번 이름을 적는 것이 불편하기 때문에 계약서 맨 위에 이름을 한 번만 적어놓고 그 뒤부터는 '갑'과 '을'로 쓴다.

Ⅲ.
한 국 현 대 사 회 와 문 화

왜 갑질이 생겼어요?

한국 사회는 윗사람과 아랫사람의 구분이 확실하고 그 관계를 중요하게 생각해왔다. 그래서 이것을 나쁘게 이용하는 사람들은 아랫사람에게는 함부로 해도 된다는 예의 없는 생각과 아랫사람이

갑질

윗사람의 말을 무조건 다 따라야 한다는 생각을 가지기도 한다. 이러한 생각은 갑질로 이어졌다. 이런 갑질은 옛날부터 있었지만 잘 알려지지 않았었다. 그러나 요즘에는 많은 사람들은 개인의 권리와 행복을 중요하게 생각하고 있고, 여기에 인터넷으로 빠르게 정보를 전달할 수 있는 사회적 배경이 더해지면서 갑질 문제가 사회에 널리 알려지게 되었다.

갑질에는 아랫사람에게 하는 언어폭력(욕), 스트레스를 주는 행동, 폭행 등이 있다. 최근 한국에서 재벌 가족들의 갑질이 사회적 문제가 되기도 했다. →재벌

또 회사의 갑질도 있다. 대기업이 작은 회사에 물건을 강제로 파는 갑질을 하기도 하고, 회사가 직원에게 월급은 적게 주면서 일은 많이 시키는 갑질을 하기도 한다.

강남·강북

서울은 한강을 기준으로 강남과 강북으로 나뉜다.

강남과 강북

서울의 중앙에는 한강이라는 크고 넓은 강이 있다. ━한강 한강을 기준으로 남쪽을 강남, 북쪽을 강북이라고 부른다. 강남과 강북은 지역 명칭 이상으로 한국의 사회·문화적 의미도 포함하고 있다.

현대적인 강남

1980년대부터 적극적으로 개발된 강남은 현대적이고 새로운 시설이 많다. 강남은 높은 건물과 고급 식당, 카페, 고급 의류 가게 등이 모여 있는 장소로 유명하다.

■ 강남스타일 ━한류
재미있는 춤과 재미있는
리듬으로 k-pop을 알렸다.

강남의 크고 높은 건물

오랫동안 서울을 나누는 기준은 강북에 있는 사대문이었다. 그러나 일제 강점기에 사대문 밖으로 서울이 확장되기 시작하였다. 한강의 남쪽 지역 중에서 영등포 지역이 처음으로 서울이 되었고, 1960년대에는 정부의 도시 계획으로 한강 남쪽의 다른 지역도 서울에 속하게 되었다. 1970년대에는 강남구, 강서구, 강동구가 만들어지면서 강남이라는 말이 많이 사용되기 시작하였다. 한강의 남쪽 지역 중에서도 지하철 강남역을 중심으로 하는 강남구와 서초구 일대를 좁은 의미의 강남으로 부르기도 한다.

전통이 살아있는 강북

조선시대의 서울은 한양이라고 불렸다. 한양은 현재의 종로구와 중구 일부이다. 종로구와 중구가 있는 서울의 강북에는 조선시대 서울의 모습이 남아있기 때문에 전통의 아름다움을 곳곳에서 찾아볼 수 있다.

강북에는 조선시대의 궁궐인 경복궁, 덕수궁, 창덕궁, 창경궁 등 옛 궁궐이 있다. 「→궁궐」 경복궁 옆에는 옛날 양반들이 살던 동네인 북촌이 있다. 북촌에는 아직도 한옥이 많이 남아 있어서 유명하다. 강북에는 한양의 경계를 표시하고 한양을 외부의 적으로 지키기 위해 지어진 한양도성과 서울로 들어오는 큰 문인 사대문이 있다. 「→동대문·남대문」

경복궁

북촌 한옥마을

숭례문

군대

| 공군 | 육군 | 해군 |

만 18세 이상의 한국 남성은 반드시 군대에 가야 한다.

헌법
국가의 조직, 구성 및 작용에
관한 근본법이고 최고 법

군대 관련 업무를 하는
국가 기관(병무청)

한국 사람은 다 군대에 가요?

대한민국 국민은 헌법에 따라 군대에 가야 할 의무가 있다. 다만 법률에 의하면 군대에 가야할 의무는 남성들에게만 있고, 여성은 지원을 하면 군대에 갈 수 있다. 1951년부터 이러한 제도가 시작되었다.

남자들은 만 18세가 되면 군 입대 대상자가 된다. 그리고 군대에 가기 전에 신체검사를 받아야 한다. 이때 검사결과에 따라 군대에 가지 않거나 다른 일(사회복무요원, 공중보건의사, 산업기능요원 등)을 하는 것으로 대신하게 될 수도 있다. 또 몇몇 특별한 경우(본인이 없으면 가족들이 살 수 없을 정도로 경제적으로 어려운 경우, 감옥에 다녀온 사람일 경우, 가족 중 군인으로 일하다가 크게 다친 사람이 있는 경우 등)에도 군대에 가지 않거나 다른 일을 하는 것으로 대신하게 될 수 있다.

얼마 동안 군대에 가요?

부대
일정한 규모로 짜여진 군대 조직

육군은 18개월, 해군은 20개월, 공군은 22개월 동안 군대에 간다(2020년 기준). 먼저 훈련소에서 5주간 기본 군사훈련을 받고 각 부대에 가게 된다. 1950년대에는 육군, 해군, 공군이 모두 36개월이었는데, 그 후로 계속

조금씩 줄어들었다.

제대한 이후에도 8년 동안은 예비군이 된다. 예비군은 전쟁 등 갑작스러운 국가의 비상사태를 대비하기 위한 예비 군대라는 뜻이다. 예비군은 1년 중 1~2일 정도 정해진 날에 군인과 같은 훈련을 받는다.

제대
정해진 기간이 끝나서 군대에서 나감

한국 사회 속의 군대 문화

군대 문화는 윗사람과 아랫사람의 관계가 매우 엄격하고 윗사람의 명령에 아랫사람이 무조건 따라야 하는 문화이다. 그런데 한국에서는 이러한 군대 문화를 일상생활 속에서도 찾아볼 수 있다. 아랫사람이 윗사람의 의견에 따르지 않을 때 간혹 "군기(군대의 기운)가 빠졌다"라고 말한다. 이는 일반 사회에서도 군대와 같이 아랫사람은 윗사람의 명령에 따라야 한다고 생각하는 사람들이 많기 때문이다. 또 한국에서는 학교나 회사에서 '친구'나 '동료'라는 말보다 '선배', '후배'라는 말을 더 많이 사용하는데, 이는 선배는 윗사람이고 후배는 아랫사람이라는 엄격한 상하 관계를 중요하게 여기기 때문이다.

한국 군대 생활이 나오는 예능 프로그램

진짜 사나이(2013~2016, 2018~2019)

대통령

한국의 대통령은 국민들의 선거를 통해서 결정된다.

한국의 대통령은 어떻게 뽑아요?

한국은 대한민국의 헌법에 따라 국민이 직접 대통령을 뽑는 '대통령 직선제'를 선택하고 있다. 대통령은 5년간 한 번만 할 수 있다.

한국 대통령은 정부의 대표이며 대한민국을 대표해 평화, 경제, 정상회담 등 다양한 국제 외교활동을 한다. 또 한국 군대의 최고 책임자로서 국민의 생명과 재산을 보호해줄 책임이 있다.

한국 대통령은 어떻게 바뀌었어요?

대한민국 대통령	이름	사진	기간
제19대 대통령	문재인		2017.05~
제18대 대통령	박근혜		2013.02 ~ 2017.03

제17대 대통령	이명박		2008.02 ~ 2013.02
제16대 대통령	노무현		2003.02 ~ 2008.02
제15대 대통령	김대중		1998.02 ~ 2003.02
제14대 대통령	김영삼		1993.02 ~ 1998.02
제13대 대통령	노태우		1988.02 ~ 1993.02
제11~12대 대통령	전두환		1980.09 ~ 1988.02
제10대 대통령	최규하		1979.12~ 1980.08
제5~9대 대통령	박정희		1963.12 ~ 1979.10
제4대 대통령	윤보선		1960.08 ~ 1962.03
제1~3대 대통령	이승만		1948.07 ~ 1960.04

청와대와 대통령 기록관

청와대

대통령 기록관

청와대는 한국 대통령이 사는 곳이다. 청와대는 서울시 종로구에 있으며 미리 신청하면 매주 화요일~금요일, 둘째·넷째 주 토요일에 방문할 수 있다.

대통령 기록관은 충청남도 세종시에 있다. 이곳에서는 과거부터 현재까지의 한국 대통령의 연설문, 정책 등 모든 기록을 볼 수 있다.

대통령 기록관

독도

독도는 대한민국 경상북도에 위치한 섬이다.

독도는 어떤 섬이에요?

독도는 대한민국의 천연기념물 제336호이다. 경상북도 울릉도의 동남쪽에 위치한 섬이다. 두 개의 섬(동도와 서도)과 그 주위에 89개의 작은 바위섬으로 구성되어 있다. 독도에는 독도 주민, 독도를 지키는 경찰 등이 산다.

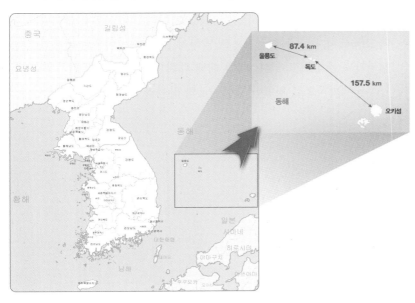

독도에 대해 더 알고 싶어요.

옛날 한국의 책과 일본의 책, 지도 등에서 독도에 대한 기록을 찾아볼 수 있다. 한국은 삼국시대부터 독도를 한국의 땅으로 인식하고 있었으며, **조선시대의 기록**에도 조선이 울릉도와 독도를 관리하고 있었다는 내용이 있다. 조선 숙종 때 안용복이라는 사람이 1693년 울릉도에서 일본인들에게 납치되었다. 이 사건은 한국과 일본 간의 독도가 어느 나라의 섬인지에 대한 최초의 논쟁이다. 1696년 일본은 독도가 "지리적으로 일본보다는 조선과 더 가깝기 때문에 조선의 영토다."라고 인정하였다.

대한제국 정부도 1900년에 행정 문서에서 독도가 울릉군에 속한다고 밝혔다. 그러나 일본은 1905년에 독도를 대한제국 정부 몰래 일본 땅으로 포함시켰다. 1910년 한국은 일본에 나라를 빼앗겼기 때문에 항의할 수 없었다.

제2차 세계대전이 끝나고 1946년에 미국, 영국, 소련, 중국 등으로 이루어진 연합국은 독도가 일본이 강제로 빼앗은 땅이기 때문에 일본의 땅이 아니라 한국의 땅임을 인정했다. 그리고 1951년 일본과 연합국 사이에 맺은 **조약**에서 "일본은 한국의 독립을 인정하고, 제주도, 거문도 및 울릉도를 포함한 한국에 대한 모든 권리를 포기한다."라고 했다. 그러나 일본은 이 조약에서 독도를 직접적으로 말하지 않았다는 이유로 독도가 일본의 땅이라고 주장하고 있다. 이에 대해 대한민국 정부는 독도가 역사적, 지리적, 국제법적으로 명백한 대한민국의 땅이라고 입장을 밝히고 있다.

■ 조선이 울릉도와 독도를 관리하고 있었음을 알 수 있는 기록
『세종실록』「지리지」(1454),
『신증동국여지승람』(1531),
『동국문헌비고』(1770),
『숙종실록』(1693),
일본 『일본수로지』(1880),
일본 〈삼국접양지도〉(1785)

조약
국가 간의 합의에 따라 국가 간의 권리와 의무를 약속하는 문서나 행위

독도
외교부 영상

등산

한국은 산이 많아서 등산을 하는 사람이 많다.

한국 사람들은 등산을 자주 해요?

한반도는 국토의 ⅔가 산이어서 크고 작은 산이 많다. →자연환경 그래서 취미로 등산을 하는 사람들이 많다. 한국의 산은 등산하기에 좋은 코스가 많이 만들어져 있다. 특히 경사가 가파른 산을 오르지 않고 완만한 산 길

경사가 가파르다

경사가 완만하다

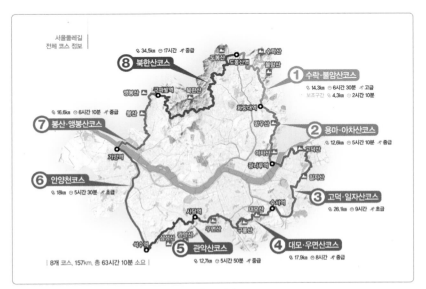
서울 둘레길

둘레길의 모습

을 걸으며 산의 아름다운 경치를 즐길 수 있도록 만들어진 '둘레길'이 있다. 관악산 둘레길, 북한산 둘레길, 송악산 둘레길, 인왕산 둘레길, 지리산 둘레길 등이 유명하다.

가을에는 단풍놀이를 가요.

산을 찾는 사람들이 특히 많은 계절은 가을이다. 한국의 가을에는 단풍이 든 나무들로 산이 아름답게 변하기 때문이다. 단풍으로 유명한 산은 강원도의 설악산, 충청도의 속리산, 전라도의 내장산, 경상도의 지리산 등이다. 단풍이 든 산을 구경하며 즐기는 것을 '단풍놀이'라고 한다. 특히 10월 말에서 11월 초에는 단풍이 가장 예뻐 단풍놀이를 하는 사람들이 많다.

둘레길

단풍이 든 산

단풍이 아름다운 시기

민주화 운동

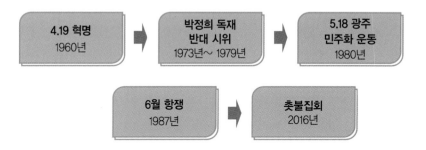

| 4.19 혁명
1960년 | → | 박정희 독재
반대 시위
1973년~ 1979년 | → | 5.18 광주
민주화 운동
1980년 |
| 6월 항쟁
1987년 | → | 촛불집회
2016년 | | |

한국인들이 끊임없이 민주주의를 위해 싸운 덕분에 한국은 민주주의가 크게 발전했다.

Ⅲ.
한국 현대 사회와 문화

4.19 혁명

1948년에 만들어진 대한민국 헌법에서는 대한민국이 '민주공화국'임을 분명히 하였다. →정치제도 그러나 실제에 있어서는 민주적이지 못한 부분이 많았다. 대한민국의 첫 번째 대통령이었던 이승만은 1948년부터 1960년까지 무려 12년간 대통령 자리에 있었다. →대통령 이승만은 대통령에서 물러나고 싶지 않아서 1960년 3월 15일 대통령을 뽑는 선거에서 부정 선거까지 저질렀다. 이에 분노한 한국인들은 모두 거리로 나와 이승만이 대통령에서 물러날 것을 요구하며 시위했다. 시위의 과정에서 많은 사람들이 죽고 다쳤다. 이 시위는 부정 선거 바로 다음부터 몇몇 지방에서 시작되었는데 많은 국민이 나와 시위를 한 것은 4월 19일부터였다. 그래서 이 시위를 '4.19 혁명'이라고 부른다. 이승만은 이러한 국민들의 강한 민주주의 요구에 결국 4월 26일 대통령 자리에서 물러났다.

시위
많은 사람이 모여 공개적으로 의견을 표시하거나 항의하는 일

4.19 혁명

박정희 독재 반대 시위

무력
군사상의 힘

정권
정부를 구성하여 나라를
경영할 수 있는 권력

독재
어떤 한 사람이 모든 권력을 차
지하여 민주적인 절차를 부정하
고 모든 일을 마음대로 처리하는
정치

4.19 혁명 이후 많은 국민들이 민주주의를 기대했지만 1961년 5월 16일에 박정희라는 군인이 무력으로 정권을 빼앗는 일이 발생했다. →대통령 박정희는 자신이 계속 대통령을 하기 위해 1969과 1972년에는 헌법까지 바꾸었다. 박정희는 모든 권력을 자기에게 집중시켜 독재 권력을 더욱 강화하였다. 민주주의를 원하는 국민들은 끊임없이 박정희 대통령의 독재를 반대하는 시위를 했다. 이러한 국민들의 끊임없는 민주화 요구에 박정희 정부는 권력 내부에서 갈등이 일어나게 되었고, 결국 박정희는 1979년 10월 26일 총에 맞아 죽게 되었다.

5.18 광주 민주화 운동

한국인들은 1979년에 박정희가 죽고 민주주의가 이루어질 것이라고 기대했다. 그러나 전두환을 비롯한 군인 세력이 다시 1979년 12월 12월에 무력으로 정권을 빼앗았다. →대통령 일부 정치인과 대학생들이 중심이 되어 1980년 봄부터 민주화 시위를 벌이기 시작했다. 특히 전라남도 광주에서 1980년 5월 18일에 민주화 운동이 크게 일어났다. 이때 정확히 몇 명이 사망했는지 알 수 없을 정도로 많은 광주 시민들이 죽거나 다쳤다. 이를 '5.18 광주 민주화 운동'이라고 한다.

5.18 광주 민주화 운동

6월 항쟁

전두환의 독재 정치에 민주주의를 간절히 원했던 한국인들은 계속해서 민주화 운동을 해 나갔다. 특히 한국인들이 가장 원했던 것은 국민들이 직접 대통령을

6월 항쟁

뽑는 것이었다. 그러나 1987년에 전두환이 이 제도를 바꾸지 않겠다고 발표하자 이에 분노한 한국인들은 민주화를 요구하는 시위를 시작했다. 이 시위는 1987년 6월 10일부터 전국에서 거의 동시에 시작되었기 때문에 '6월 항쟁'이라고 부른다. 6월 항쟁의 결과 한국인들은 16년 만에 대통령을 자신의 손으로 직접 뽑을 수 있게 되었다. 이때 개정된 헌법이 현재까지 계속되고 있다.

최근의 민주화 운동 : 촛불집회

한국의 민주주의 역사는 다른 나라들에 비해 짧지만 한국인들은 끊임없이 민주주의를 지키고 발전시키기 위해 목소리를 높였다. 한국인들은 지금도 민주주의가 지켜지지 않는다고 생각할 때는 길거리로 나와 시위를 한다. 그중에서 최근에 일어난 민주화 운동은 2016년 10월에 있었던 박근혜 대통령 탄핵 시위이다.

이 시위는 예전의 민주화 운동과는 달리 폭력을 쓰지 않고 모두 촛불을 들고 대통령이 물러날 것을 요구한 평화적인 시위였다. 이것을 '촛불집회' 또는 '촛불시위'라고 부른다. →촛불집회

'5.18 광주 민주화 운동'을 그린 영화	'6월 항쟁'을 그린 영화
택시 운전사(2017)	1987(2017)

탄핵
대통령이 잘못을 저질렀을 때 대통령 자리에서 강제로 물러나게 하는 일

〈한국의 민주화운동〉 한국어 버전 〈한국의 민주화운동〉 영어 버전

밥

밥은 한국인에게 아주 특별한 의미가 있다.

한국인에게 밥은 중요한 것 같아요.

밥은 한국 사회에서 아주 특별한 의미를 가지고 있다. 밥은 쌀, 보리 등의 곡식을 익힌 음식인데 한국에서는 '한 끼의 식사'라는 더 넓은 의미로 사용될 때가 많다. 한국 친구가 '밥 먹자.'라고 한다면 진짜 밥만 먹자는 것이 아니라 밥과 국, 반찬을 모두 먹는 한 끼 식사를 하자는 뜻이다.

한국에는 밥과 관련된 언어 표현도 많다. 한국인들은 사람을 만났을 때 "밥 먹었어?"라는 질문을 자주 한다. 하지만 이것은 상대방이 진짜 밥을 먹었는지 궁금해서 물어보는 것이 아니라 요즘 잘 지내고 있는지를 묻는

끼
밥을 먹는 횟수를 세는 단위

안부 인사이다. 옛날에 가난했던 시대에는 밥 한 끼를 먹는 것이 힘들었기 때문에 밥을 먹었는지 물어보는 것은 안부를 묻는 것과 같았다. 그때의 언어문화가 현재에도 남아있는 것이다. 한국인들은 헤어질 때도 "우리 언제 밥 한번 먹자."라며 마치 약속하듯이 말한다. 하지만 이것 역시 진짜 약속이 아니라 헤어지면서 하는 형식적인 인사일 때가 많다. 언제든지 만나서 밥을 같이 먹을 수 있는 아주 가까운 관계임을 표현하는 것이다.

함께 밥을 먹는 한국 문화

한국인들은 '같이 먹는 것'을 매우 중요하게 생각한다. 이를 잘 보여주는 단어가 '식구'이다. 식구는 한 집에 살면서 밥을 같이 먹는 관계의 사람, 즉 가족을 뜻한다. 가족이 혈연관계를 나타내는 단어라면 식구는 함께 밥을 먹으며 생활하는 사이임을 나타내는 단어이다. →가족 그냥 가족이라고만 해도 될 것을 군이 식구라고 말하는 이유는 매일 밥을 같이 먹는 아주 가까운 관계임을 강조하기 위해서이다. 그래서 같은 회사에서 일을 하는 사람들을 '회사 식구', '사무실 식구' 등으로 표현하기도 한다. 이와 비슷한 뜻으로 '한솥밥 먹는 사이'라는 표현도 있다. 이는 같은 밥솥에서 만든 밥을 먹는 아주 가까운 관계라는 뜻이다. 그래서 어떤 사람들이 같은 회사에 다니게 되거나 같은 팀에 들어가게 되면 '한솥밥을 먹게 되었다.'라고 말한다.

솥

한솥밥 먹는 사이

한국인들은 중요한 일이 끝나고 나서 그 일을 같이 한 사람들이 모여 함께 밥을 먹는 문화가 있다. 그런 문화 중 하나가 '회식'이다. →회식 또 '뒤풀이'라는 것도 있다. 뒤풀이는 어떤 일(특히 큰 행사)을 끝낸 뒤 서로 모여 즐거운 시간을 보낸다는 뜻이다. 원래 뒤풀이는 탈춤을 끝내고 다시 모여 노는 것을 뜻하는 단어였다. →탈춤 그런데 현대에 와서는 어떤 큰일을 끝낸 후 그 일을 같이 한 사람들이 모여 밥을 먹고 노는 것을 뜻하는 단어가 되었다. 졸업식 뒤풀이, 공연 뒤풀이 등이 있다.

이렇게 한국인들에게 '함께 밥을 먹는 것'은 하나의 문화이고 특별한 의미를 갖는다. 같이 밥을 먹으면서 서로 가깝고 친한 관계라는 것을 확인하고 더 나아가 관계를 더 발전시키고 싶어 한다. 또 서로가 같은 공동체 안에 있다는 것을 함께 밥을 먹음으로써 확인하기도 한다. 이처럼 함께 밥을 먹는 문화에는 한국 사람들의 '우리'를 중시하는 문화가 담겨 있다. →'우리'

한국의 '먹방'

'먹방'은 먹다의 '먹'과 방송의 '방'이 합쳐진 신조어이다. →줄임말 먹방은 음식을 먹는 모습을 보여주는 방송 프로그램인데, 영어 사전에도 한국어 발음 그대로인 'MUKBANG'으로 나온다. 그만큼 먹방은 다른 언어로 말할 수 없는 한국적인 문화가 녹아있기 때문이다. 먹방은 주로 인터넷 방송에서 많이 볼 수 있다. 먹방을 하는 사람은 음식을 먹기만 하는 것이 아니라 방송을 보는 시청자와 채팅을 통해 대화를 하면서 먹는다. 이는 멀리 있는 사람, 혹은 모르는 사람과도 연결되어 있는 것처럼 느껴지게 한다. 마치 같은 식탁에서 같이 먹고 있는 느낌을 주는 것이다. 이처럼 '함께 밥을 먹는 것'이 중요한 한국인의 문화가 먹방에도 자연스럽게 들어 있다고 볼 수 있다.

먹방을 하는 모습

신조어
새로 만들어진 단어 및 용어 가운데 표준어로 등재되지 않은 말.

배달 문화

배달 문화는 빨리빨리 문화의 영향을 받았다.

"빨리빨리"

한국에서 "빨리빨리"라는 말을 자주 들을 수 있다. 한국 사람들은 일을 할 때 빠르게 하고 일이 빠르게 해결되는 것을 좋아하는 편이다. 한국의 경제가 국가의 계획에 의해 빠르게 개발되던 시기에 무슨 일이든 부지런히 신속하게 진행하는 것이 사회 전체의 분위기가 되었다. 한국의 배달 문화는 이러한 빨리빨리 문화의 영향을 받았다.

한국 사람들은 빨리빨리 문화에 익숙해져 있어서 배달도 빨리 오기를 바란다. 주문한 음식이나 구입한 물건을 받기까지 많은 시간이 걸리는 것을 별로 좋아하지 않는다. 그래서 교통체증도 피하고 좁은 골목도 다닐 수 있는 오토바이가 배달에 많이 이용된다.

언제 어디서나 배달이 돼요?

집이 아닌 야외에서 주문을 해도 배달이 가능하다. 특히 한강에 가면 배달 문화를 즐기는 사람들을 쉽게 볼 수 있다. 사람들은 한강을 바라보면서 배달 음식을 먹으며 여가를 즐긴다. 또 야식을 즐겨 먹는 한국 사람들도 많기 때문에 늦은 밤에 주문해도 배달이 가능하다.

한강의 배달 문화 모습

최근에는 가게에서 직접 물건을 사는 사람보다 인터넷으로 주문하는 사람들이 많아졌다. 그래서 물건 배송 문화도 많이 변화하였다. 주문한 날 바로 받아볼 수 있는 배달이 있으며, 그 전날 주문하면 다음 날 새벽에 받아볼 수 있는 배달도 있다.

수능

수능은 한국의 대학 입학시험이다.

수능이 뭐예요?

수능은 대학수학능력시험의 줄임말이다. '수능시험'이라고도 한다. 대학 입학을 위한 중요한 시험이며, 일 년에 한 번만 볼 수 있다. 그래서 시험을 잘 보지 못하면 1년을 다시 준비해서 다음 해에 다시 봐야 한다. 두 번 수능시험을 보는 학생을 '재수생'이라고 하며 세 번째 준비하고 시험을 보는 학생을 '삼수생'이라고 부른다.

수능은 보는 날에는 일부 중학교와 모든 고등학교가 쉰다. 수험생들이 차가 막혀서 지각하지 않도록 회사 출근 시간, 학교 등교 시간이 1시간 늦춰진다. 버스도 평소보다 자주 다니며, 시험 장소에 가는 버스라는 것을 버스 앞에 크게 표시한다. 듣기 평가 시간에는 시끄럽지 않도록 비행기가 뜨고 내리는 것이 금지된다.

수험생들은 8시 10분까지 시험 장소에 가야 하며 오전 8시 40분부터 시험이 시작된다. 중간에 쉬는 시간과 점심시간이 있으며 오후 5시 40분에 끝난다.

수험생
시험을 보는 학생

수능시험의 특별한 풍경

한국의 절, 교회, 성당 등에서는 수험생 부모들이 자녀들의 좋은 시험 결과를 위해 기도하는 모습을 볼 수 있다. 수능시험 100일 전부터 기도를 시작하는 부모님들도 있다.

수능시험 날에는 시험이 시작되기 전에 후배들이 선배들의 수능시험을 응원하는 다양한 모습을 볼 수 있다.

수능 100일 기도하는 부모들

수능 시험 날 후배들의 응원모습

수험생에게 어떤 선물을 해요?

끈적끈적한 찹쌀떡과 엿은 '시험에 합격하다(붙다)'라는 의미이다.

거울을 보다 ⇒ 시험을 잘 보다

휴지를 풀다 ⇒ 문제를 잘 풀다

포크로 찍다 ⇒
문제를 잘 찍다
(선택하다)

한국 사람에게 수능이 왜 중요해요?

한국 사람은 교육에 관심이 많다. 조선시대의 유교에서 교육을 강조하였는데 이것이 지금까지 이어졌다. 한국 경제와 사회가 발전하면서 '배우지 않으면 성공할 수 없다'고 생각해서 교육에 대한 관심이 더욱 높아졌다. 그런데 현대에 와서 교육에 대한 관심이 대부분 좋은 대학에 가는 것으로 집중되었다. 좋은 대학을 졸업하면 좋은 직장을 갖게 되고 좋은 배우자를 만날 수 있다고 생각하기 때문이다. 그래서 한국의 부모들은 학교 교육 이외에도 자녀들을 학원에 보내는 등 교육에 많은 돈을 쓴다. →학원 또 자녀 교육을 위해서 외국으로 가는 경우도 있다. 어머니와 아이는 외국에 가고 아버지는 혼자 한국에 남아서 일을 하면서 돈을 보내주는 경우가 많아서 이런 사람들을 '기러기 아빠'라고 불렀다. 이런 경우 오랜 시간 동안 가족들이 떨어져 지내면서 여러 가지 사회 문제가 생기기도 했다.

'우리'

'우리' 문화는 '우리'='나'라고 생각하며
공동체와 '정'을 중요하게 생각하는 문화이다.

한국 사람은 '우리'라는 말을 많이 써요.

한국에서는 '우리'라는 단어를 자주 들을 수 있다. 한국 사회에서 '우리'
는 곧 '나'라고 생각한다. 예를 들면 한국 사람들은 다른 사람과의 대화
에서 한국을 우리나라라고 말하며, 나의 남편과 아내를 부를 때 자연스
럽게 우리 남편, 우리 아내라고 부른다. 또 우리 집, 우리 학교, 우리 동
네 등과 같이 '나의(My)' 대신 '우리(our)'가 사용된다. 이렇게 한국 사회는
'우리'='나'와 같다고 생각하며 개인보다 '우리'라는 공동체를 더 중요하
게 여기는 '우리' 문화가 있다.

한국의 '우리'문화에는 특별한 게 있어요.

한국의 '우리' 문화에서는 사람과 사람 간의 감정과 관계가 매우 중요하
다. 그래서 상대방을 생각하고 챙기며 '우리'의 집단에 있는 사람들끼리
는 서로 도와야 한다는 생각이 강하다. 예를 들어 결혼식에 가서 축의금
을 내고 장례식에 가서 부의금을 내는 것도 그 이유이다. →결혼식 →장례식
처음 만났지만 좋은 관계를 맺고 관계를 유지하고 싶은 사람에게 친절을
베풀며 '우리'라는 표현을 사용하기도 한다. 한국 사람들은 이것을 '정'

이라고 말하기도 한다. ⟨→정⟩ 따라서 '우리' 문화는 관계보다 집단의 목표를 중요시하는 집단주의의 문화와는 다르다. 집단에 있는 사람들 간에 좋은 관계를 만들고 유지하는 것을 더 중요하게 생각한다.

왜 '우리' 문화를 중요하게 여겨요?

한국이 개인보다 공동체 '우리'를 더 중요하게 여기는 이유는 한국의 전통 사회에서부터 찾아볼 수 있다. 한국은 옛날부터 작은 마을을 중심으로 농사를 짓고 살았다. 작은 마을에 있는 사람들은 서로 도우면서 가족처럼 지냈으며, 농사일을 하기 위해서는 많은 일손이 필요했다. 그래서 사람들끼리 더욱 가까운 사이를 만들어 서로 돕는 문화가 생겼다.

응원 문화

한국의 응원 문화에서는 '우리'문화와 신명을 느낄 수 있다.

'우리' 문화와 신명이 결합된 응원 문화

한국의 응원 문화는 여러 명이 함께 모여 노래하고 춤을 추면서 응원하는 문화이다. 응원 문화에는 한국인들의 '우리'문화가 잘 나타나 있다. 한국 사람들은 중요한 스포츠 경기는 혼자가 아니라 가족, 친구들과 함께 모여 응원하는 것을 좋아한다. 한국의 응원 문화에서 가장 인상적인 것은 여러 명이 모여서 꽹과리, 북 같은 한국 전통 악기를 치며 동시에 큰 소리로 노래를 부르는 모습이다. →전통 악기 이런 모습 속에서 한국인들의 신명을 느낄 수 있다. →신명

길거리 응원

서울 시청 앞의 길거리 응원

'붉은 악마'와 길거리 응원

'붉은 악마'는 1998년 프랑스 월드컵을 앞두고 축구 국가 대표 선수들을 응원하기 위해 만든 단체이다. 2002년 월드컵 때 사람들은 시청 앞 광장, 광화문 등 대형 스크린이 설치된 장소에 모여 다 같이 빨간색 티셔츠를 입고 '대한민국'을 크게 외치며 응원하였다. 이런 응원은 전국적으로 퍼져나가서 많은 사람이 함께 참여한 큰 축제가 되었다. 이렇게 거리로 나와 많은 사람들이 함께 응원하는 것을 '길거리 응원'이라고 부른다.

독특한 응원 문화

한국 사람들은 집에서 스포츠 경기를 볼 때도 가족, 친구들과 함께 모여서 응원하기를 좋아한다. 이때 배달 음식을 시켜 먹으면서 응원하기도 한다. →배달 문화

한국의 야구 응원 문화도 독특하다. 한국에는 10개의 프로야구단이 있고 각 야구단마다 다양한 응원 방법과 응원 노래가 있다. 야구장에서는 야구 경기를 보면서 먹을 수 있는 삼겹살, 치킨과 맥주 등 다양한 음식을 판다.

야구장에서 파는 음식들

야구장에서 맥주를 파는 사람

재벌

재벌은 큰 자본을 가지고 있고 가족으로 구성된 기업 집단이다.

재벌이 뭐예요?

재벌은 단순히 부자를 의미하는 것은 아니다. 재벌은 여러 개의 회사를 가지고 있는 대기업인 경우가 많고, 그 회사를 가족이 경영한다는 특징이 있다. 재벌이라는 단어는 옥스포드 사전에도 나와

옥스포드 사전에 나온 재벌의 의미

있다. 옥스포드 사전에서도 재벌은 기업의 가족 소유를 큰 특징으로 설명하고 있다.

1960년대 초반에 한국의 경제개발계획이 본격적으로 시작되면서 재벌이 만들어졌다. 한국 정부가 정책적으로 특정 기업에게 사업의 기회를 마련해 주면서 대기업으로 성장했고 이 과정에서 여러 개의 기업을 가족들이 소유하고 경영하게 되었다.

한국 사회와 재벌

뉴스에 보도되는 재벌과 관련된 이야기 중 재벌의 갑질에 대한 사건들이 자주 보도된다. 특히 최근에는 재벌 자녀들의 갑질 사건이 사회적으로 큰 문제가 되었다. 이들이 기업의 근로자를 마구 대하거나 근로자를 배려하지 않는 행동은 대중의 분노를 사기도 했다.

재벌을 소재로 한 드라마

사랑의 불시착(2019)

점·사주·궁합

점·사주·궁합은 한국 무속 신앙이다.

한국의 민간 신앙

자연환경에 적응해서 살아가야 했던 옛날 사람들은 하늘, 땅, 나무, 바위 등 자연에는 특별한 힘이 있다고 생각했다. 이것이 종교적인 성격으로 발전해서 전통적으로 전해져 내려온 것이 민간 신앙이다. 한국에는 한국의 자연과 문화 환경에 관련된 신들을 믿는 민간 신앙이 전해져 왔다. 예를 들어 집안에는 집을 지켜주는 신이 있다고 믿었으며, 마을 입구에 마을에 들어오는 나쁜 것들을 막아준다는 장승을 세워 이것이 마을을 지켜준다고 믿었다. 또한 제사를 지내고 무당이 다양한 굿을 하는 무속 신앙도 민간 신앙의 한 종류이다. →제사 →무당·굿

마을 입구에 있는 장승

점

점은 미래의 좋고 나쁜 일을 특별한 방법으로 알아내는 것이다. 이것을 '점을 본다' '점을 친다'라고 표현한다. 대표적인 점을 치는 방법으로는 신점과 역점이 있다.

신점은 무당이 신과 소통하는 힘을 이용하는 것이다. 신점을 보러 무당을 찾아가면 무당은 손님의 태어난 연도와 날짜를 묻는다. 그러면 무당은 신을 통해서 손님의 과거나 미래를 이야기해준다. →무당·굿

역점은 역학에 관한 공부를 한 사람들이 보는 점이다. 역점을 보는 사람을 '역술인'이라고 부른다. 대표적인 역점으로 사주와 궁합 등이 있다.

> 역학
> 동양 철학의 하나로 음과 양의 변화를 연구하는 학문

사주

사주는 점의 한 종류이다. 사주에서 사람은 태어난 연도와 날짜, 시간에 따라 운명이 정해져 있다고 말한다. 그래서 사람들은 점이나 사주를 보기 위해 무당, 역술인이 있는 점집에 찾아간다. 점을 볼 수 있는 점집을 철학관, 역술원, 사주 카페라고 한다.

철학관/역술원

궁합

궁합은 결혼할 때 신랑과 신부 두 사람이 잘 살 수 있는지 점치는 것이다. 한국에서는 옛날부터 결혼을 결정하기 전에 남녀의 생년월일을 보고 궁합이 좋은지 나쁜지를 미리 알아보는 전통이 있었다. 그리고 궁합을 본 후 궁합이 좋지 않다고 하면 결혼하지 않기도 했다. 전통적인 결혼에서는 준비 단계에서 신랑 쪽에서 신랑의 생년월일과 태어난 시간이 쓰여 있는 편지를 신부의 집으로 보낸다. 이를 받은 신부의 집에서는 신랑과 신부의 궁합을 본다. →전통의례 이러한 풍습은 점차 사라져가고 있지만, 요

즘에도 다른 조건은 좋은데 궁합이 맞지 않아 결혼을 못 하겠다는 사람들을 가끔 볼 수도 있다.

현대 사회 속의 무속 신앙

- 수험생이 있을 때 부모는 자녀가 합격할 수 있을지 물어보거나 합격하게 해달라는 소원을 빌기 위해 무당을 찾아간다. ─수능
- 새로운 사업을 시작할 때 사업을 잘 되기를 기도하며 **고사**를 지낸다.
- 이사 날짜를 정할 때 무속 신앙에서 이야기하는 좋은 날짜를 찾는다.
- 한 해를 시작할 때 한 해의 운을 미리 알아본다.
- 결혼하기 전에 좋은 결혼 날짜를 정한다.

■ 고사
고사를 지낼 때 돼지 머리를 올려 놓는다. 돼지 머리에 돈을 끼우고 절을 한다.

고사를 지내는 모습

한국의 영화 속에서도 많이 볼 수 있는 민간 신앙

궁합(2018)　　곡성(2016)　　신과 함께(2018)

제주도

제주도는 한국에서 가장 큰 섬이자 대표적인 관광지이다.

제주도는 어디에 있어요?

제주도는 한반도 남쪽 바다에 위치한 섬이다. 한국에서 가장 큰 섬이며 행정구역상으로는 제주 특별자치도에 속한다. →행정구역 제주도의 면적은 1,849 km²이고 이는 대한민국 전체 면적의 1.85%에 해당된다.

제주도의 날씨는 따뜻한 편이다. 제주도의 평균 기온은 14~15℃인데, 일 년 중 가장 추운 1월 기온은 5~6℃이고 가장 더운 8월 기온은 25~26℃ 정도이다. →날씨

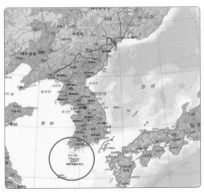

제주도의 위치

제주도

제주도의 볼거리

제주도에는 산도 있고 바다도 있어서 등산도 하고 바다에서 수영도 할 수 있다. 제주도 가운데에 있는 큰 산의 이름은 한라산이다. 한라산은 화산 폭발로 만들어진 산이다. 그래서 한라산 꼭대기에는 화산이 폭발하고 남은 자리에 물이 고여 만들어진 '백록담'이라는 호수가 있다. 또 제주도에는 화산 폭발이 있었기 때문에 현무암이 많다. 그래서 현무암으로 만든 돌담과 돌하르방이 유명하다.

화산 폭발

현무암

한라산 백록담

돌하르방

제주 돌담

제주도에는 아름다운 자연환경을 보며 걸을 수 있는 '올레길'이 있다. '올레'는 제주 사투리로 좁은 골목을 뜻한다. 제주도 바닷가 주변의 골목길, 산길 등을 연결하여 산책할 수 있도록 만든 길이다.

올레길 코스

제주도의 먹을거리

제주도에서는 감귤, 한라봉, 녹차, 흑돼지, 해산물 등 먹을거리가 다양해서 여러 가지 맛있는 음식을 맛볼 수 있다.

한라봉

흑돼지

제주도의 맛있는 해산물

갈치조림

딱새우

문어라면

전복물회

Tip

★ 제주여행에 관한 정보는?
제주관광정보센터
(064-740-6000) : 한국
어 · 중국어 · 일본어 · 영
어 상담 가능 또는
https://www.visitjeju.net
: 한국어 · 중국어 · 일본
어 · 영어 · 말레이어

종교

한국은 종교의 자유가 있다.

한국에는 어떤 종교가 있어요?

한국은 헌법에 의해 종교의 자유가 인정되는 나라이다. 한국 사람들의 반 정도는 종교가 없다. 종교를 가진 사람들 중에서는 개신교가 19.7%, 불교가 15.5%, 가톨릭이 7.9% 순으로 많다. 그 외에 원불교, 유교, 천도교 등이 있고 무속신앙도 한국인의 일상생활에 영향을 끼치고 있다. →무당·굿   →점·사주·궁합

종교 지도자

스님	목사님	신부님
불교	개신교	가톨릭

한국의 불교

한국에 처음 불교가 소개된 것은 삼국시대였다. 삼국시대의 불교는 무속

한국의 불교 문화를 느낄 수 있는 문화재

금동미륵보살반가사유상

석굴암

신앙과 합해져 독특한 불교 문화를 만들었다. 특히 신라의 수도였던 경상북도 경주시에는 여전히 불교 문화를 느낄 수 있는 문화재가 많이 남아있다. 고려시대에도 불교는 여전히 중요한 종교로서 나라의 운영에 많은 영향을 주었다. 몽골이 침입했을 때 불교의 힘으로 어려움을 극복하

산에 있는 절에서 하는 불교 문화 체험 : 템플스테이

템플스데이

고자 16년에 걸쳐 팔만대장경을 만들었다. →팔만대장경 그러나 조선시대에 와서는 유교를 매우 중요하게 생각했기 때문에 불교를 억압했다. 그래서 조선시대의 절은 대부분 산에 있었다. 지금도 한국의 절은 대부분 산에 있다.

억압
자유롭게 행동하지 못하도록
억지로 누름

한국의 기독교

가톨릭과 개신교를 합쳐서 기독교라고 부른다. 가톨릭은 조선 후기에 전해졌고 처음에는 종교가 아닌 학문으로 전해졌다. 이후 자연스럽게 종교로 발전했다. 조선의 왕과 신하들은 모든 사람이 평등하다는 가톨릭의 생각이 조선의 신분 질서를 무너뜨릴 수도 있다고 생각해서 억압했다. 가톨릭을 믿는 사람들과 선교사들은 죽임을 당하거나 벌을 받았지만 가톨릭을 믿는 사람들은 계속 많아졌다.

개신교는 대한제국 시기부터 미국, 영국 등에서 선교사들이 들어오면서 전해졌다. 개신교의 선교사들은 학교와 병원을 많이 세워 한국인들에게 개신교를 전하려고 노력했다.

선교사
다른 나라에 가서 종교를
전하는 사람

선교사가 세운 병원인 광혜원(1885)

■ **광혜원**
광혜원은 대한민국에 세워진 최초의 근대 의료기관이다. 1904년 광혜원은 세브란스 병원으로 새롭게 만들어졌다.

줄임말

줄임말은 단어나 문장을 간단히 줄인 말이다.

왜 줄임말을 써요?

줄임말은 긴 말을 쉽고 빠르게 말하기 위해 줄인 것이다. '비빔냉면'보다는 '**비냉**'이라고 말하는 것이 훨씬 편하고 재미도 있다. 또 휴대폰과 SNS 사용이 많아지면서 줄임말을 더 많이 사용하게 되었는데, SNS 메시지에 긴 문장을 쓰기보다는 줄임말을 쓰면 마치 말로 대화하는 것처럼 빨리 소통이 가능하기 때문이다.

최근에는 젊은 사람들 사이에서 유행하는 문화나 그들만의 사고방식을 나타내기 위해 줄임말을 쓰기도 한다. 예를 들어 '**안물안궁**'(안 물어봤고, 안

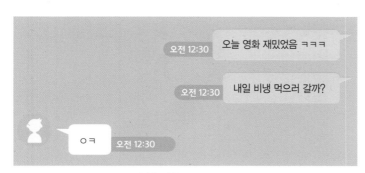

줄임말을 사용한 SNS 메시지

> • Tip ◀
>
> 〈메시지에 자주 사용되는 표현〉
>
> | | |
> |---|---|
> | ^^ | 웃는 얼굴 |
> | ㅠㅠ | 우는 얼굴 |
> | ㅇㅇ | 응 |
> | ㅇㅋ | 오케이(OK) |
> | ㅋㅋ/ㅎㅎ | 웃는 소리 |
> | ~ | 말을 부드럽게 할 때 단어나 문장 끝에 붙임 |

궁금하다—상대방이 질문하지 않았는데 자신의 생각을 말할 때), '**갑분싸**'(갑자기 <u>분</u>위기가 싸늘해짐—이야기 도중 갑자기 분위기가 차가워질 때), '**취존**'(<u>취</u>향 <u>존</u>중—자기의 취향을 있는 그대로 존중해 달라고 말할 때) 등이 있다. 다른 사람들에게 큰 관심을 갖지 않는 개인주의(안물안궁), 진지함보다는 가벼운 태도가 더 멋지다는 생각(갑분싸), 각자의 개성과 다양성이 존중받기를 바라는 마음(취존) 등이 줄임말에 표현되고 있는 것이다.

줄임말과 한국 문화

최근 많이 사용되는 줄임말 중에 '**인싸**'(인사이더, insider), '**아싸**'(아웃사이더, outsider)라는 것이 있다. 인싸는 집단 안에서 사람들과 잘 어울려 지내는 사람, 혹은 집단 안에서 중요한 사람이라는 뜻이고, 아싸는 집단 안에서 잘 어울리지 못하는 사람이라는 뜻이다. 어떤 사람이 그 집단에 제대로 포함되어 있는지 그렇지 않은지, 그리고 그 집단에서 중요한 사람인지 아닌지를 표현하는 것이 바로 '인싸', '아싸'인 것이다. 그래서 '우리'라는 공동체와 공동체 사람들 간의 관계를 중요하게 생각하는 한국에서는 많은 사람들이 인싸가 되기를 바란다. →'우리'

인싸와 아싸

어떤 줄임말이 있어요?

줄임말을 만드는 데는 여러 가지 방식이 있다. 가장 많이 쓰이는 줄임말은 글자 수를 줄이는 방식이다. 그리고 외국어를 포함하는 줄임말, 자음만 쓰는 줄임말 등이 있다.

줄임말의 종류

글자 수 줄이기	외국어 포함	첫 번째 자음만 쓰기
비냉/물냉: 비빔냉면/물냉면	인싸/아싸: insider/outsider	ㅋㅋㅋ: 크크크 (웃는소리)
중도: 중앙도서관	렬루: real로 (진짜로)	ㅇㅇ: 응
남친/여친: 남자친구/여자친구	워라밸: work-life balance	ㅇㅈ: 인정 (상대방의 말이 옳음을 인정함)
안물안궁: 안 물어봤고, 안 궁금하다		

체면·눈치

윗사람

체면

눈치

아랫사람

한국에서는 체면·눈치 문화를 중요하게 생각한다.

체면이 뭐예요?

체면은 다른 사람에게 자신의 능력, 지위, 인격 등을 인정받고 싶은 마음이다.

체면을 중요하게 생각하는 한국 사람들은 다른 사람의 시선에 신경을 많이 쓴다. 결혼식을 위해 많은 비용을 지출하는 것과 실용적인 소형차보다는 다른 사람들이 볼 때 멋있다고 생각할 중·대형차를 더 선호하는 것을 통해서도 이러한 체면 문화를 알 수 있다.

> **체면에 관한 언어표현**
> '체면을 세우다' ⇒ 체면을 유지하게 되다.
> '체면을 차리다' ⇒ 체면을 갖추어 밖으로 드러나게 하다.
> '체면을 구기다' ⇒ 체면이 좋지 않게 되다.

높은 결혼식 비용

눈치가 뭐예요?

눈치는 상황을 보고 상대방의 마음(생각)을 추측해서 알아내는 것이다.

한국 사람은 아랫사람이 윗사람에게 자신의 생각을 솔직하게 말하는 것을 어려워한다. 이것을 예의없는 행동이라고 생각하기 때문이다. 그리고

윗사람이 자신의 감정을 표현하지 않거나 말을 하지 않아도 아랫사람은 윗사람의 생각을 알아줘야 한다. 이것이 한국의 눈치 문화이다.

눈치에 관한 언어표현

'눈치 없다' ⇒ 분위기 파악을 하지 못하고 상황에 맞지 않는
　　　　　　　행동을 할 때 사용한다.

'눈치 채다' ⇒ 얼굴 표정이나 태도 등 주위 상황 등을 통해서
　　　　　　　상대방의 마음을 알아내다.

한국에서는 왜 체면과 눈치가 중요해요?

유교 문화의 영향을 받은 한국 사회에서는 옛날부터 윗사람과 아랫사람의 관계를 아주 중요하게 여겼다. 윗사람과 아랫사람이 서로 배려하며 좋은 관계를 유지하기 위해서는 윗사람의 체면, 아랫사람의 눈치가 중요하다고 생각했다. 윗사람은 체면을 세우고 아랫사람은 윗사람의 눈치를 보던 문화는 현대 사회에서도 쉽게 찾아볼 수 있지만 예전과는 많이 달라지고 있다.

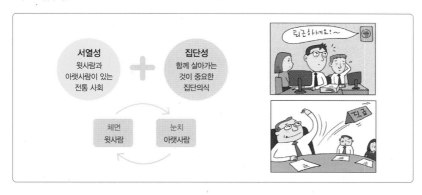

촛불집회

촛불집회는 평화적으로 의견을 표현하기 위해
많은 사람이 촛불을 들고 한 장소에 모이는 것이다.

촛불집회는 왜 해요?

한국인들은 정부에 어떤 것을 요구하거나 바로잡아야 할 큰일이 있다고
생각할 때 촛불을 들고 한 장소에 모인다. 이전에 한국인들은 민주화 운
동의 과정에서 많은 사람들이 죽고 다쳤다. →민주화 운동 하지만 1986년 6
월 항쟁 이후로 민주주의가 정착되면서 폭력적인 시위는 점차 줄어들기
시작했고, 2000년대 이후로는 평화의 상징인 촛불을 들고 함께 모여 항
의의 뜻을 표시하는 시위를 했다. 이것이 촛불집회이다.

2000년대 촛불집회의 모습

촛불집회는 어디에서 해요?

한국 사람들은 정부에 강하게 항의할 일이 있을 때 주로 광화문 광장으로 나온다. 서울은 옛날부터 한국 정치의 중심이었다. 특히 서울에는 조선시대 왕이 사는 궁궐인 경복궁과 중요한 공공기관이 있었다. →궁궐 그래서 사람들은 예전부터 국가에 어떤 억울한 일을 말하고 싶거나 의견을 말하고 싶을 때 경복궁 앞, 바로 지금의 광화문 광장으로 나왔다. 지금도 한국의 대통령은 경복궁 뒤에 있는 청와대에서 살기 때문에 대통령에게 시위의 소리가 잘 들릴 수 있도록 광화문 광장이나 그 근처에서 촛불집회를 많이 한다. →대통령

2016년 대통령 탄핵 촛불집회

대통령 탄핵 촛불집회

비리
올바른 도리에서 어긋남.
여기에서는 정치인의 부정행위
를 뜻한다.

2016년에 당시 대통령이었던 박근혜의 **비리**가 언론에 의해 알려지면서 많은 한국인들이 촛불을 들고 길거리로 나와 박근혜 대통령이 물러날 것을 요구했다. 주로 광화문과 서울 시청 주변에 많은 사람들이 모였고 이는 점차 전국 주요 도시로 확산되었다. 박근혜 대통령 탄핵 촛불집회는 2016년 10월 29일부터 약 5개월간 계속되었다. 하루 최대 참여 인원은 200만 명, 총 참여 인원은 1600만 명이라고 알려져 있다. 촛불집회에 이렇게 많은 사람들이 참여하였음에도 불구하고 단 한 명도 다친 사람이 없었다. 이 촛불집회는 전 세계에 민주주의를 기억할 수 있게 해주었다는 점에서 높이 평가되었다. 그래서 독일의 인권상(프리드리히 에버트 재단 인권상)까지 타게 되었다.

프리드리히 에버트 재단 인권상

판문점

판문점은 1953년 한국전쟁을 휴전하기로 한 후 공동경비구역으로 정해진 곳이다.

판문점은 어디에 있어요?

판문점은 서울 서북쪽 48㎞, 개성 동쪽 10㎞ 지점에 있다. 대한민국의 행정구역으로는 경기도 파주시 진서면, 조선민주주의인민공화국 행정구역으로는 개성직할시 판문군 판문리에 해당한다.

1950년 한국전쟁 중 UN(국제연합) 측과 북한 측은 **휴전**에 관한 회의를 진행하였다. 이 휴전 회의는 '널문리'라는 곳에서 진행되었는데 널문은 한자로 판문(板門)이기 때문에 판문점이라고 불리게 되었다. 판문점에서 진행한 휴전 회의는 1951~1953년 1년 9개월 동안 진행되었다.

휴전
전쟁을 쉼

판문점

판문점은 어떤 곳이에요?

1953년 7월 27일 휴전 결정 후에 휴전선을 설정하였다. 한국전쟁 휴전선을 기준으로 동서 800m, 남북 600m의 공간을 공동경비구역(JSA, Joint Security Area), 또는 판문점이라고 부른다. 현재 판문점에는 대한민국과 조선민주주의인민공화국 군대가 양쪽에 있다.

판문점은 남·북한의 대표자들이 만나고 회의하는 장소 등으로 사용되고 있다.

현재 판문점의 모습

2018년 남북 대표자들의 만남

판문점 주변에는 뭐가 있어요?

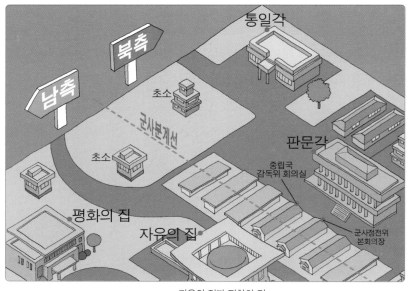
자유의 집과 평화의 집

판문점의 남과 북 양쪽 2km의 지역을 대한민국과 조선민주주의인민공화국 어디에도 속하지 않는 '비무장지대(DMZ:demilitarized zone)'로 정했다. 한국인뿐만 아니라 외국인도 미리 신청하면 비무장지대에 가볼 수 있다. 판문점 남쪽(대한민국)에는 '자유의 집', '평화의 집'이, 북쪽(조선민주주의공화국)에는 '판문각', '통일각'이 있다. '자유의 집'과 '판문각'에서는 남북이 필요한 연락을 서로 주고 받을 수 있는 연락사무소가 있다.

DMZ 지역

통일을 바라는 마음을 적은 리본

DMZ
홈페이지

공동경비구역 JSA(2000)

학교

한국의 학교는 초등 6년, 중등 3년, 고등 3년이며, 중학교까지 의무교육이다.

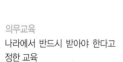

의무교육
나라에서 반드시 받아야 한다고
정한 교육

한국의 학교 제도는 어때요?

한국의 학교 제도는 초등학교 6년, 중학교 3년, 고등학교 3년이다. 일 년에 2학기이다. 보통 1학기는 3월, 2학기는 9월에 시작한다. 여름방학은 7, 8월, 겨울방학은 12, 1월이다. 다음 해 2월이 되면 한 학년이 끝나거나 졸업을 한다. 한국의 학교는 월요일부터 금요일까지 주 5일 수업을 한다.
초등학교와 중학교 교육은 국가에서 정한 의무교육이다.

교육기관	학년	나이 (만 나이)
초등학교	1	8(6)
	2	9(7)
	3	10(8)
	4	11(9)
	5	12(10)
	6	13(11)
중학교	1	14(12)
	2	15(13)
	3	16(14)
고등학교	1	17(15)
	2	18(16)
	3	19(17)
대학교		
대학원		

초등학교

초등학교 과정은 6년이다. 무료 교육이며, 반드시 받아야 하는 의무교육이다. 한국 나이 8세(만 6세)에 입학한다. 학교에서 점심시간에 나오는 밥(급식)은 무료이다. 한국은 초등학교에 입학할 나이가 되면 국적이나 체류

자격에 상관없이 누구나 교육을 받을 수 있도록 권리를 보장해 주고 있다. 이때 학생의 출입국에 관한 사실 또는 외국인등록 사실 증명 서류 등이 필요하다.

다문화교육포털

중학교

중학교 과정은 3년이다. 초등학교와 마찬가지로 중학교도 의무교육이다. 한국은 보통 중학교부터 교복을 입는다. 매 학기 8개 이상의 과목을 배우게 된다. 수업 외에 동아리활동, 진로활동, 봉사활동 등이 포함되어 있다.

교복을 입은 중학생

고등학교

고등학교 과정은 3년이다. 고등학교는 일반고등학교, 특수목적고등학교, 특성화고등학교 등으로 구분된다. 특수목적고등학교에는 과학 고등학교, 외국어 고등학교, 예술 고등학교 등이 있다. 특성화고등학교는 다양한 직업 전문 교육을 받을 수 있는 고등학교로 요리 고등학교, 미용 고등학교 등이 있다.

한국 고등학생들은 수능(대학입학시험)을 준비하기 위해서 공부를 하는데 많은 시간을 보낸다. ━수능 학교에 따라 원하는 학생은 수업 시간이 끝난 이후에도 밤늦게까지 야간자율학습을 하기도 한다. 또는 학원에 가서 다시 수업을 듣거나 공부하기도 한다. ━학원

야간자율학습
수업이 끝난 후 원하는 학생들은 학교에 남아서 늦게까지 공부하는 것

야간자율학습을 하는 고등학생들

대학교·대학원

한국의 대학에는 4년제 대학과 2~3년제 전문대학이 있다. 한국의 4년제 대학은 종합대학으로 여러 전공의 학문을 공부한다. 국립대학교와 공립대학교 그리고 사립대학교로 나눌 수 있다. 국립대학교는 나라가 직접 세우고 관리하는 학교이다. 대표적인 학교로는 서울대학교가 있다. 공립대학교는 각 지방의 정부가 세운 학교이다. 대표적인 학교로는 서울시립대가 있다. 사립대학교는 개인이 세운 대학교로 한국의 많은 대학교가 사립대학교이다. 연세대학교, 고려대학교 등이 있다.

2~3년제 전문대학은 직업과 관련된 전문 기술을 배운다. 예를 들어 간호학, 항공, 요리 등 여러 전문 기술에 관련된 학교들이 있다.

4년제 대학교를 졸업한 후 더 깊이 공부를 하기를 원하면 대학원에 갈 수 있다. 대학원은 석사(Master's degree) 과정과 박사(Doctor's degree)과정이 있다.

학원

학원은 학교 교육 이외에 별도로 지식이나 기술을 가르치는 곳이다.

한국에는 왜 학원이 많아요?

한국은 교육열이 매우 높다. 공부를 잘해서 좋은 대학에 가면 사회적으로 성공할 가능성이 높다고 생각하기 때문에 한국의 학생들은 똑같은 교육을 받는 학교 교육 이외에도 학원을 통해 추가로 교육을 받는 경우가 많다. 그래서 한국에는 학원이 많다.

한국의 교육은 공부가 주는 즐거움보다는 사회적 성공을 이루기 위한 수단의 성격이 강하다. 그래서 공부를 남들보다 더 뛰어나게 잘 해야 한다고 생각한다. 이렇게 경쟁적인 교육 환경이 만들어진 배경에는 옛날부터 학문을 중요하게 생각했던 유교의 영향이 있었다. 또 한국전쟁 이후 한국은 산업이 발전하기에 자연 자원이 풍부하지 않아서 사람이 유일한 자원이었기 때문에 지식이나 기술 교육에 힘을 썼다.

교육열
교육에 대해 온갖 정성을 다하는 마음

어떤 학원이 있어요?

초등학생을 위한 학원에는 영어, 수학 등 학교 공부를 도와주는 학원이 있다. 미술, 음악, 체육 학원처럼 취미 생활이

미술 학원

나 건강을 위해 가는 학원도 있다.

중학생과 고등학생은 보통 대학입학시험과 관련된 학원으로 간다. →수능
학교가 끝나면 집으로 가지 않고 학원으로 가는 경우가 많다. 학교에서
배우는 내용을 학원에서 보충하여 공부한다. 두세 명이 다니는 작은 학
원부터 백 명이 넘는 학생이 듣는 큰 학원까지 다양한 학원이 있다. 고등
학생의 경우에는 학원에서 밤늦게까지 공부하는 학생도 많다. 학원이 많
이 모여 있는 거리를 '학원가'라고 한다. 서울의 대표적인 학원가는 강남
의 대치동이 있다. →강남·강북

어른들이 다니는 학원도 있어요?

어른들도 학원에 다닌다. 대학
생들은 외국어 학원이나 취업을
준비하는 학원에 다니기도 한
다. 대기업 시험, 공무원 시험,
아나운서 시험 등 시험 준비를
위한 학원과 피아노, 요가 등
취미와 건강을 위한 학원 등이
있다.

공무원 시험 준비를 위한 학원

한국의 교육열을 소재로 한 드라마

SKY캐슬(2018)

한강

한강은 서울의 중앙에 흐르는 큰 강이다.

한반도의 가장 큰 강 : 한강

한강은 한반도에서 가장 크고 넓은 강이다. 한강의 '한'은 '크다, 넓다'는
의미이다. 면적은 26,018㎢, 길이는 514.8km이다. 한강은 강원도의 태백
산에서 시작하여 서울을 지나 서해로 흘러 들어간다. 서울의 중앙에 있
는 한강을 기준으로 북쪽을 강북, 남쪽을 강남이라고 부른다. →강남·강북
옛날부터 한강 주변에는 넓은 땅이 있고 교통이 편리하여 사람들이 많이
모여 살았다. 한강을 중심으로 역사가 발전했으며 한강이 있는 서울은
지금도 한국의 정치, 경제, 문화의 중심지이다.

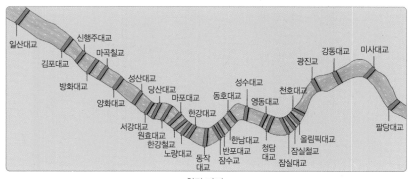

한강 다리

한강에는 볼거리, 먹을거리, 즐길 거리가 많아요.

한강 주변에는 공원, 캠핑장, 체육시설, 수영장 등이 있어서 즐길 거리가 많다. 한강에서는 매년 봄꽃 축제, 세계 불꽃 축제 등 다양한 축제와 행사들이 많이 열린다. 유람선을 타며 한강의 경치를 즐길 수도 있다. 한강 공원에서 산책을 하거나 자전거를 타는 사람들도 많다. 또 한강 공원에서는 배달 음식을 주문하여 먹을 수 있다. →배달 문화

한강 수영장

봄꽃 축제

한강 자전거

세계 불꽃 축제

한국전쟁

한국전쟁은 1950년부터 1953년까지 한반도에서 일어난 전쟁이다.

한국전쟁은 왜 일어났어요?

일제 강점기부터 한국인들은 공산주의와 자본주의로 의견이 나뉘기 시작했다. 1945년에 한국은 일본으로부터 나라를 되찾았지만, 동시에 남쪽과 북쪽으로 나뉘게 되었다. 그 후로도 한국인들은 계속해서 통일을 위해 노력했지만 결국 1948년 남쪽은 대한민국 정부를, 북쪽은 조선민주주의인민공화국 정부를 각각 세웠다. 역사 그러나 계속해서 38선(삼팔선)을 사이에 두고 크고 작은 군사적 충돌이 있었다. 그러다가 1950년 6월 25일 북한

38선 vs 휴전선

- **38선(삼팔선)** 한국이 일본으로부터 나라를 되찾은 직후 미군과 소련군이 북위 38°선을 경계로 한반도를 남과 북으로 나눈 선이다.
- **휴전선** 휴전이 정해진 때에 전쟁에서 직접 전투가 벌어졌던 지역을 연결한 선이다.

침범하다
남의 땅에 들어가서 남의 권리
나 재산 등에 손해를 끼치다.

(조선민주주의인민공화국)이 남한(대한민국)을 **침범하면서** 한국전쟁이 시작되었다. 6월 25일에 시작되었다고 해서 6.25(육이오)전쟁이라고도 부른다. 한국전쟁은 어느 쪽도 승리하지 못하고 1953년 7월 27일에 휴전이 결정되었다. 휴전을 결정할 때 휴전선이 정해졌고 그 이후로 남한과 북한은 이 휴전선을 사이에 두고 서로 오고 갈 수 없게 되었다. →판문점

전쟁으로 헤어진 가족들: 이산가족

한국전쟁 이후 남과 북으로 헤어져서 서로 만날 수 없게 된 가족들이 있다. 이런 가족을 '이산가족'이라고 한다. '이산'은 헤어져서 흩어졌다는 의미이다. 이산가족은 전쟁이 끝난 이후에도 가족을 만나러 휴전선을 넘어 남과 북을 왔다 갔다 할 수 없었다. 그러나 1980년대에 들어서서 자본주의와 공산주의 국가들 간의 화해 분위기가 점차 확산되면서 이산가족들이 잠깐 만

남북 이산가족 만남

날 수 있게 해주는 행사가 생겼다. 이산가족이 한국전쟁 이후로 처음 만날 수 있게 된 것은 바로 1985년이었다. 이것은 전쟁이 끝난 이후로 32년 만이었다. 이때부터 2018년까지 총 21번의 이산가족들의 만남이 이루어졌다.

분단국가

이념
가장 완전하다고 여겨지는 생각
이나 의견. 여기에서는 자본주의
와 공산주의를 뜻함

'분단국가'란 원래는 하나의 국가였는데 **이념**이 달라서 두 개 이상의 지역으로 나뉘어 각각 다른 정부가 존재하는 국가이다. 제2차 세계대전 이후 베트남과 독일도 분단국가가 되었다. 그러나 베트남은 1976년에, 독일은 1990년에 통일되었다. 현재 한반도는 공산주의를 지지하는 북한과 자본주의를 지지하는 남한이 통일되지 못한 채 여전히 분단국가로 남아있다.

전쟁 기념관

전쟁 기념관

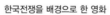
한국전쟁을 배경으로 한 영화

태극기 휘날리며(2004)

국제시장(2014)

회식

회식은 여러 사람이 모여 함께 음식을 먹는 것이다.

한국 사람들은 왜 회식을 해요?

여러 사람이 모여 함께 음식을 먹는 것을 회식이라고 한다. 한국에서는 다양한 모임이 끝난 후에 대부분 다 같이 식사를 하려고 한다. 한국 사람들은 '나'보다 '우리'의 관계를 더 중요하게 생각하고, 같이 밥을 먹으면 '우리'의 관계가 더 좋아질 수 있다고 생각하기 때문이다. → 밥 이와 같이 '우리'라는 공동체를 중요하게 생각하고 사람들이 다 같이 모여서 함께 밥을 먹는 것을 즐기는 것은 한국 문화의 한 특성이라고 할 수 있다. → '우리'

특히 한국에서 회식이라고 하면 보통 회사에서 하는 회식을 뜻할 때가 많다. 왜냐하면 한국에서는 회사 일이 끝난 후에 직원들이 다 같이 식사를 하거나 술을 마시러 가는 일이 자주 있기 때문이다. 회사에서 회식을 자주 하는 이유는 같이 일하는 직원들이 회사라는 공적인 장소를 떠나 밖에서 함께 식사를 하면 서로 더 친하고 가까운 관계로 발전해서 회사 공동체의 유대감이 더 강해질 수 있다고 믿기 때문이다.

유대감
서로 아주 가까운 관계로 연결되어 있다고 느끼는 공통된 감정

독특한 한국의 회식 문화

한국의 회식은 보통 저녁 식사를 함께 하는 것으로 시작한다. 그리고 저녁 식사 후에 술을 마시거나 노래방까지 가서 밤늦게까지 이어지는 경우도 많다. →방문화 보통 식사→술→노래방 등으로 장소를 바꿔서 계속되며 이것을 1차→2차→3차라고 부른다.

1차 식사 자리에서는 여러 사람들이 함께 많은 양의 음식을 먹기 때문에 대부분 저렴한 가격의 음식과 술이 선택된다. 그래서 삼겹살과 소주는 회식의 대표 메뉴이다. →소주 최근에는 치킨도 인기 있는 회식 메뉴가 되었다. 치킨을 먹을 때는 대부분 맥주를 함께 마신다. 그래서 '치맥(치킨+맥주)'이라는 신조어도 생겼다. →줄임말

회식의 대표 메뉴 삼겹살과 소주

바뀌어 가는 회식 문화

회식은 저녁 식사에서 끝나는 것이 아니라 2차, 3차로 이어지는 경우가 대부분이기 때문에 회식을 부담스럽고 불편한 자리로 여기는 사람들도 많다. 회식 때문에 회사 생활에서 스트레스가 쌓인다는 직장인들도 꽤 많은 편이다. 그럼에도 불구하고 한국 사회에서 아랫사람은 회식에 참여하는 것을 거절하기가 힘들다. 집에 가서 쉬고 싶거나 다른 약속이 있어도 윗사람의 눈치를 보느라 아랫사람은 회식에 억지로 참여하기도 한다. →체면·눈치

그러나 최근에는 예전과는 달리 당당하게 윗사람에게 회식에 참석하지 않겠다는 의견을 말하는 사람들이 많아졌다. 또 최근 많은 회사들은 '문화 회식'이라고 해서 술을 마시지 않고 공연, 영화 등을 관람하는 것으로 회식 문화를 바꾸어가고 있다.

회식에 대해 어떻게 생각이 바뀌고 있나요?

직장인 10명 중 6명 회식하며 스트레스 받는다!
※직장인 456명 설문조사, 자료제공 : 잡코리아

61.4% 스트레스 받는다!

JOBKOREA × albamon

서울경제신문 2016년 7월 11일 기사

꼭 알 아 야 할
한 국 문 화 100

IV.

한국인의
일상과 의례

결혼식
김치
나이
높임말
덤
떡
돌잔치
된장·고추장
몸짓 언어
방문 예절
분식
비빔밥
삼계탕
설
소주
속담
식사 예절
온돌
인사 예절
자장면
장례식
정
집
추석
호칭

결혼식

결혼식은 두 사람이 부부가 되는 약속을 하는 의식이다.

한국에서는 결혼할 때 부모님의 허락이 중요해요?

한국 사회에서의 결혼은 단순히 두 사람의 만남과 결합이 아니라 가족 간의 만남과 결합으로 여겨진다. →가족 따라서 한국 사람들에게 결혼을 결정하는 데 있어서 가족들의 의견, 특히 부모님의 의견이 아주 중요하다. 두 사람이 서로 사랑해도 가족의 동의와 허락이 없으면 결혼이 이루어지지 않는 경우도 많다.

그래서 결혼을 결정하기 전에 상대방 가족을 먼저 만나보는 자리를 마련한다. 이것을 '상견례'라고 부른다. 상견례를 할 때 신랑·신부 양쪽 부모님들과 가족들이 공식적으로 처음 만나서 서로 집안의 분위기를 살핀다. 상견례는 두 집안의 가족들이 만나서 두 사람의 결혼을 인정하고 허락하는 중요한 자리이다.

상견례

한국 사람들은 주로 어디에서 결혼식을 해요?

한국인들이 결혼식을 가장 많이 하는 곳은 웨딩홀이라고 불리는 전문 결혼식장이다. 웨딩홀은 결혼식뿐만 아니라 손님들의 식사, 피로연, 폐백 까지 모두 한 장소에서 할 수 있어서 많은 사람들이 이용한다. 웨딩홀은 전문적으로 결혼식만을 하는 장소이기 때문에 하루에 여러 번의 결혼식이 있다.

전통 혼례를 올리고 싶어 하는 사람들은 민속촌이나 남산 한옥마을 등에서 전통 방식으로 결혼을 하기도 한다. →전통 의례 또 종교 시설(교회, 성당, 절)이나 호텔에서 결혼식을 하는 사람들도 있다.

피로연
결혼에 참석한 손님들께 음식과 술 등을 대접하는 자리

결혼 선물로 무엇을 줄까요?

한국인들은 친척이나 친구가 결혼을 할 때 '축의금'을 낸다. 축의금은 축하하는 마음을 담은 돈이라는 뜻이다. 하얀 색 봉투 앞면에 '결혼을 축하합니다' 또는 '축 결혼'이라고 쓰고 뒷면에는 돈을 내는 사람 이름을 쓴다. 사람들이 가장 고민하는 것 중 하나가 '결혼식 축의금은 얼마를 내야 할까?'이다. 신랑이나 신부와 얼마나 가까운 사이인가에 따라 금액이 달라지는데 5만 원, 7만 원, 10만 원 정도가 일반적이다. 아주 가까운 관계이면 10만 원 이상 내기도 한다. 사실 축의금을 얼마를 내야 할지 결정하는 것은 한국인에게도 어려운 일이다.

축의금을 내는 곳

축의금 봉투

현대 결혼식에 남아있는 전통 혼례의 모습

현대의 결혼식에도 전통 혼례의 모습이 남아 있는 것을 볼 수 있다. →전통 의례 그 대표적인 것이 바로 폐백이다. 폐백은 원래 신부가 결혼 후에 처음으로 신랑의 부모님을 뵙고 절을 하

폐백

면서 선물을 드리는 일이었다. 그러나 요즘에는 결혼식 후에 따로 마련된 방(폐백실)에서 신랑과 신부가 한복을 입고 양쪽 집안의 부모님과 가까운 친척들에게 절을 하는 것으로 바뀌었다.

또 결혼식 며칠 전에 '함'을 보내는 전통도 남아 있다. →전통 의례 함은 신랑이 신부의 집에 보내는 선물과 결혼 약속 편지를 담은 상자이다. 신랑 친구 중 한 명이 함을 등에 메고 여러 명의 친구들과 함께 신부의 집으로 가지고 간다. 이때 친구들이 '함 사세요!'라고 아주 크게 외치면서 들어가는데, 요즘에는 이웃집에 방해가 되기 때문에 신랑이 혼자 조용히 신부 집에 함을 가져가는 경우가 많다.

김치

김치는 한국을 대표하는 음식 중의 하나이다.

한국 사람들은 김치를 꼭 먹어요?

김치는 한국 사람들이 식사할 때마다 꼭 식탁 위에 놓는 반찬이다. 김치는 밥과 함께 먹는다. 그리고 라면, 자장면 등 다른 음식을 먹을 때도 함께 먹는다. →자장면

김치는 배추·무·오이 등과 같은 채소를 소금에 **절이고** 고추·파·마늘 등 여러 가지 양념을 **버무려 담근 발효**식품이다. 하지만 옛날 김치는 지금의 김치와 달랐다. 옛날의 김치는 고춧가루를 넣지 않고 소금에 절인 채소에 마늘 등을 넣어 만든 것이었다. 우리가 지금 먹는 고춧가루가 들어간 김치는 약 300년 정도 전부터 먹기 시작했다.

김치는 배추·무·오이 등의 재료에 따라서 여러 가지 종류로 나뉜다. 또 지역에 따라서 맛도 다르다. 북쪽 지역은 싱겁고 양념이 적다. 남쪽 지역은 짜고 양념이 많다.

> **김치 관련 단어**
> ■ 절이다 소금이나 식초, 설탕 등에 담가 두다
> ■ 버무리다 여러 가지 재료를 함께넣고 섞다
> ■ 담그다 버무리다 + 발효하다
> 김치를 만들다 = 김치를 담그다
> ■ 발효 음식 재료를 적당한 온도와 조건에 오래동안 놔두어서 익히는 것 (치즈, 술, 된장, 김치 등이 대표적인 발효식품이다)

배추로 만든 김치
(배추 김치)

무로 만든 김치
(깍두기)

파로 만든 김치
(파김치)

오이로 만든 김치
(오이소박이)

김장

한국은 겨울이 다가오면 가족이나 이웃들이 모여서 함께 1년 동안 먹을 김치를 담근다. 이것을 김장이라고 한다. 김장은 오랫동안 전해져 온 한국의 전통이다. 김장이 끝나면 돼지고기를 삶아서 담근 김치와 함께 먹는다. 그리고 함께 담근 김치를 나누어 가진다. →정 가족이나 이웃들이 모여서 함께 김치를 담그고 나누어 먹는 문화인 김장에는 한국의 '우리' 문화가 들어 있다. →'우리' 김장은 2013년 유네스코 인류무형문화유산으로 지정되었다.

김장하는 날

김장하는 날 김치와 함께 먹는 돼지고기

현대 생활 속의 김치

김장을 하면 많은 김치를 오랫동안 저장할 장소가 필요하다. 옛날에는 집마다 마당에 땅을 파고 김치를 넣어두었다. →집 그러나 요즘에는 마당이 없는 아파트에서 생활하는 사람들이 많기 때문에 김치를 보관할 장소가 없다. 그래서 한국에는 '김치 냉장고'라는 특별한 가전제품이 있다.

옛날 김치를 넣은 장독과 장독대

현대에는 집에서 김장을 하지 않아도 마트에서 손쉽게 다양한 김치를 살
수 있다.

김치냉장고

마트에 있는 여러 종류의 김치

김치를 이용한 다양한 음식

김치찌개

김치전

김치볶음밥

뮤지엄김치간

김치만두

김치 국수

나이

한국 사회에서 나이는 서로의 관계를 결정하는 중요한 요소이다.

한국 사람은 나이를 어떻게 계산해요?

한국에는 나이를 계산하는 방법이 두 가지가 있다. 태어나서 일 년이 지나면 한 살이 되는 '만 나이'와 태어나자마자 한 살이 되는 '한국 나이'이다. 한국에서 아기가 태어나자마자 한 살이 되는 이유는 엄마 배 속에서 생명이 시작될 때부터 나이를 계산하기 때문이다.

만 나이는 생일을 기준으로 하고 한국 나이는 연도를 기준으로 한다. 그래서 2000년 1월 1일에 태어난 사람과 2000년 12월 31일에 태어난 사람 모두 2001년 1월 1일이 되면 한국 나이로 똑같이 두 살이 된다.

한국 사람은 왜 처음 만난 사람에게 나이를 물어봐요?

사회적 관계에서 중요한 나이

한국 사회에서 서로의 관계를 결정하는 데 나이가 중요한 요소이기 때문에 처음 만난 사람에게 직접적으로 또는 간접적으로 나이를 묻는다. 나이로 결정되는 것 중의 하나가 높임

말이다. →높임말 한국에서는 자신보다 나이가 많은 사람에게는 높임말을 사용해야 한다. 나이가 많은 사람에게 높임말을 사용하지 않는 것은 실례가 되기 때문에 한국 사람은 처음 만난 사람의 나이를 물어본다.

나이와 관련된 표현

돌은 아기가 태어난 날로부터 1년이 되는 날이다. 또 아이가 몇 살인지 말할 때 "아직 돌이 안 되었어요.", "이제 두 돌 됐어요."처럼 표현하기도 하는데 '두 돌', '세 돌'처럼 생일이 돌아온 횟수를 세어서 나이를 표현한다. →돌잔치

동갑은 같은 나이라는 뜻이다. 띠동갑은 열두 살 차이가 나며 같은 띠라는 뜻이다. →띠 환갑은 만 60세(한국 나이 61세)를 말한다.

나이와 관련된 속담도 있다. '세 살 버릇이 여든까지 간다.'는 속담은 어릴 때의 버릇은 늙어서도 고치기가 어렵다는 뜻이다. '나이는 못 속인다.'는 속담은 나이를 아무리 속이려고 해도 그 사람의 행동에서 나이가 반드시 드러난다는 뜻이다.

1세	한 살	...	...
2세	두 살	20세	스무 살
3세	세 살	30세	서른 살
4세	네 살	40세	마흔 살
5세	다섯 살	50세	쉰 살
6세	여섯 살	60세	예순 살
7세	일곱 살	70세	일흔 살
8세	여덟 살	80세	여든 살
9세	아홉 살	90세	아흔 살
10세	열 살	...	...

높임말

한국 사회에서 상황에 맞는 올바른 높임말 사용은 매우 중요하다.

왜 높임말을 사용해요?

한국 사회에서는 자신보다 나이가 많거나 사회적 지위가 높은 사람들에게 높임말을 사용해야 한다. 높임말은 '존댓말'이라고도 한다. 높임말에는 상대방을 공경하고 존중하는 마음이 담겨 있어서 올바른 높임말을 쓰지 못하면 듣는 사람은 기분이 나쁠 수 있다. 이 때문에 상황에 맞는 올바른 높임말 사용은 매우 중요하다.

높임말로 바꾸는 방법

• '–아/어요' 나 '–ㅂ/습니다'로 끝낸다.

사랑해.	▶	사랑**해요.** 사랑**합니다.**
맛있게 잘 먹었어.	▶	맛있게 잘 먹었**어요.** 맛있게 잘 먹었**습니다.**

- 높임의 뜻이 있는 다른 단어를 사용한다.

나이	▶	연세		먹다	▶	잡수시다
말	▶	말씀		묻다	▶	여쭈다
밥	▶	진지		아프다	▶	편찮으시다
병	▶	병환		있다	▶	계시다
사람	▶	분		자다	▶	주무시다
생일	▶	생신		주다	▶	드리다
집	▶	댁		죽다	▶	돌아가시다

- 사람 뒤에 '–께서'를 붙이거나 동작에 '–시–'를 붙인다.

친구가 학교에 간다.	▶	선생님**께서** 학교에 가**신**다.
동생이 집에 온다.	▶	어머니**께서** 집에 오**신**다.

높임말을 사용하는 상황

- 동작을 하는 사람을 높여줄 때

동생이 밥을 먹는다.	▶	아버지**께서** **진지**를 **드신다**.
친구가 책을 읽는다.	▶	선생님**께서** 책을 **읽으신다**.

- 동작의 대상이 되는 사람을 높여줄 때

동생이 친구에게 책을 준다.	▶	동생이 선생님**께** 책을 **드린다**.
나는 친구를 만나고 싶다.	▶	나는 선생님을 **뵙고** 싶다.

- 듣는 사람을 높여줄 때

듣는 사람이 **친구**일 때		듣는 사람이 **어른**일 때
친구야, 이것 좀 먹어.	▶	할아버지, 이것 좀 **드세요**.
친구야, 어서 들어와.	▶	아버지, 어서 들어**오세요**.

덤

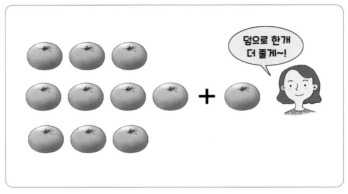

덤은 원래 가격에 주는 양보다 조금 더 주는 것이다.

'덤'이 뭐예요?

'덤'은 원래 가격에 주는 양보다 조금 더 주는 것을 뜻한다. 예를 들어 과일 가게에서 귤을 살 때, 원래는 열 개에 3000원인데 가게 주인이 한 개를 더 줄 때가 있다. 이때 가게 주인이 더 준 귤 한 개가 바로 덤이다. 덤은 주로 전통 시장이나 작은 가게에서 주인이 마음대로 조금 더 얹어 주는 것이다. 가게 주인은 손님에게 덤을 주면 자기의 경제적 이익은 조금 줄어든다. 그러나 자주 만나는 손님과는 정을 나눌 수 있고 처음 만나는 손님과는 더 친해질 수 있기 때문에 덤을 준다. →정 주인과 손님은 덤을 주고받음으로써 점점 더 가까운 관계가 되어 '우리는 서로 잘 아는 사이'라는 생각으로 발전하게 된다. →'우리'

덤은 '서비스', '증정품'과 뭐가 달라요?

'서비스'는 한국의 식당이나 술집 등에서 음식이나 술을 많이 시킨 손님에게 가게 주인이 공짜로 더 주는 음식이다. 예를 들어 중국 음식점에 여러 가지 음식을 배달시키면 주문하지 않은 군만두가 같이 오는 경우가 있는데 이것은 손님에게 공짜로 주는 서비스이다. 그런데 최근에는 시장

에서도 덤을 서비스라고 표현하는 경우가 많다. 이때는 덤과 서비스가 같은 의미로 쓰인 것이다.

'증정품'은 마트나 편의점에서 상품을 샀을 때 추가로 더 주는 물건이다. 일반적으로 마트와 편의점은 전통 시장과는 달리 물건의 가격과 양이 정확하게 정해져 있다. 그래서 가게 주인 마음대로 주는 덤과는 달리 증정품은 누구나 똑같은 양을 받게 되어 있다. 흔히 마트에서 1+1이라고 써있는 상품을 볼 수 있는데 이것도 하나를 사면 똑같은 상품 하나를 더 주는 증정품이다.

서비스로 준 군만두

마트의 1+1 행사 상품

비교해 보세요!

덤

주로 전통 시장에서 가게 주인 마음대로 원래 가격의 양보다 더 많이 주는 것

서비스

주로 식당이나 술집에서 많이 주문한 손님에게 공짜로 더 주는 음식이나 술

증정품

마트나 편의점에서 물건을 사는 모든 사람들에게 추가로 더 주는 상품

떡은 한국 전통 간식이며 특별한 날에 먹는 음식이다.

떡은 언제 먹어요?

한국 사람들은 평소에 간식으로 떡을 먹기도 하지만 특별한 날에는 특별한 떡을 먹는다.

• 설 : 떡국 →설

설에는 새로운 해를 시작하는 의미에서 떡국을 먹는다. 떡국에 들어가는 떡은 가래떡이다. 흰색 가래떡으로 떡국을 끓여 먹는 것은 새해를 맞이하여 새로워지라는 의미가 있다. 긴 모양의 가래떡은 재산이 길게 쭉 늘어나라는 의미를 담고 있으며 가래떡을 둥글게 써는 이유는 둥근 돈 모양과 같기 때문이다.

떡국

가래떡

• 추석 : 송편 →추석

추석에는 송편을 먹는다. 송편에는 과일과 곡식을 얻은 것을 감사하는 마음이 담겨 있다. 송편은 떡 안에 깨, 콩, 팥 등을 넣고 반달 모양으로 만든다.

송편

• 백일, 돌 : 백설기, 수수팥떡 →돌잔치

아기가 태어나서 백일과 돌이 되는 날에는 지금까지 아이가 잘 자란 것을 축하하고 앞으로도 계속 잘 자라라는 의미를 담아 떡을 만들어 먹는다. 백설기, 수수팥떡을 준비해서 많은 이웃과 나누어 먹어야 아이가 병없이 오래 살고 복을 받는다는 이야기가 있다.

백설기에는 아이가 순수하게 자라기를 바라는 마음이 담겨져 있고, 수수 팥떡에는 아이에게 생길 수 있는 나쁜 일들을 막아 준다는 의미가 있다. 수수팥떡의 재료인 붉은 색의 팥은 나쁜 귀신을 쫓아 준다고 믿었기 때문이다.

팥

백설기

수수팥떡

• 이사 떡

옛날부터 새로운 곳으로 이사를 하거나 새로운 사업을 시작할 때 귀신을 쫓는 붉은 팥으로 떡을 만들어서 제사를 지내고 이웃과 함께 나누어 먹는 풍습이 있다.

이사 떡

녹두

• 제사 떡 →제사

한국의 모든 제사에는 떡을 놓는다. 제사에 사용하는 제사 떡은 귀신을 쫓는 붉을 팥을 사용할 수 없기 때문에 녹두, 깨 등을 사용하여 만든다.

제사 떡

간식으로 많이 먹는 떡

인절미

무지개떡

꿀떡

찹쌀떡 →수능

떡볶이 →분식

떡 관련 표현

떡은 한국 사람들에게 좋은 이미지로 전해져 왔기 때문에 긍정적인 것으로 표현된다.

• 이게 웬 떡이야?

　기대하지 않았던 결과가 있거나 좋은 일이 생길 때 사용하는 말이다.

• ○○말을 들으면 자다가도 떡이 생긴다.

　엄마 말, 어른들 말 등을 넣어 사용하는 것으로 보통 윗사람의 말을 들으면 반드시 좋은 일이 생긴다는 말이다.

• 누워서 떡 먹기

　매우 쉬운 일을 말한다.

- 떡 줄 사람은 생각도 않는데 김칫국부터 마신다.

  상대방은 생각지도 않는데 미리 바라거나 일이 다 된 것처럼 행동한다는 말이다.

- 떡 본 김에 제사 지낸다.

  기회가 좋을 때 하려고 했던 일을 한다는 말이다.

- 굿이나 보고 떡이나 먹자

  남의 일에 쓸데없는 간섭을 하지 말고 보고 있다가 이익이나 얻으라는 말이다.

- 그림의 떡

  마음에 들어도 이용할 수 없거나 가질 수 없는 경우를 이르는 말이다.

- 남의 떡이 커 보인다.

  내 것보다는 남의 것이 더 좋아 보여서 욕심이 난다는 말이다.

- 미운 아이 떡 하나 더 준다.

  미운 사람일수록 더 잘 대해 주어야 미워하는 마음이 없어지고 관계가 더 좋아질 수 있다는 말이다.

떡박물관

돌잔치

돌잔치는 아기의 첫 번째 생일잔치이다.

돌잔치는 왜 해요?

'돌'은 아기가 태어난 날로부터 1년이 되는 날을 뜻한다. ━나이 옛날에는 아기가 일찍 죽는 경우가 많았기 때문에 아기가 돌이 되었다는 것은 큰 의미를 지녔다. 그래서 가족과 이웃들이 모여 아기의 돌을 축하했다.

돌복과 돌떡

돌잔치에서 돌을 맞은 아기는 한복을 입고 기념사진도 찍는다. 이때 입는 한복을 '돌복'이라고 한다. 또 돌잔치에서는 돌떡을 손님들과 함께 나누어 먹는다. ━떡 아기가 건강하고 행복하게 자라기를 바라는 마음으로 수수팥떡, 무지개떡, 백설기 등의 돌떡을 준비한다.

돌복   돌잔치

돌떡

돌잡이

돌잡이는 돌잔치에서 가장 중요한 행사이다. 돌을 맞은 아기 앞에 붓/연필, 돈, 실 등을 놓고 아기가 선택하여 잡게 한다. 아기가 잡는 물건에 따라 아기가 나중에 커서 어떤 사람이 될 것인가를 알 수 있다고 믿었다. 붓이나 연필을 잡으면 공부를 잘하는 사람으로 자라고, 돈을 잡으면 부자가 되고, 실을 잡으면 오래 산다는 것을 의미한다. 최근에는 마이크나 청진기 등 새로운 물건을 돌잡이에 추가하기도 한다. 마이크는 연예인을, 청진기는 의사를 의미한다.

청진기

돌잡이 물건

돌잡이 모습

된장·고추장

된장과 고추장은 한국의 전통 발효 식품이다.

된장과 고추장은 어떻게 만들어요?

한반도에서는 아주 오래전부터 콩이 재배되었기 때문에 콩으로 만든 음식이 많다. 그래서 된장과 고추장도 모두 콩으로 만든 메주를 기본으로 한다. 전통적으로 메주는 삶은 콩을 따뜻한 온돌방에 두어서 만든다. ➡온돌 겨울 동안에는

메주

따뜻한 방안에서 발효시키고 봄에 밖에서 햇볕에 말린다.

된장은 소금물에 메주를 담가 40~60일 정도 놔뒀다가 메주를 건져낸 후 소금을 뿌려서 만든다. 고추장은 된장보다 훨씬 늦게 만들어 먹기 시작했다. 고추가 한국에 전해진 것이 1500년대 후반이기 때문에 그 이후에 고추장이 만들어지기 시작했다. 전통적인 고추장은 메주에 고춧가루와 찹쌀가루, 그리고 소금을 섞어서 만든다. 요즘에는 된장과 고추장을 마트에서 쉽게 살 수 있다.

재배되다
식물이 심어져서 가꾸어지다.

된장

고추장

된장 · 고추장 제품

된장과 고추장으로 만든 음식에는 어떤 것들이 있어요?

한국인들이 먹는 대부분의 음식에는 된장과 고추장이 들어간다. 된장으로 만든 된장찌개는 한국인이 가장 즐겨 먹는 음식 중 하나이다. 고추장은 오징어볶음, 떡볶이, 부대찌개 등 다양한 종류의 음식에 들어가서 매운 맛을 낸다. →분식 한국 음식 중 외국인들에게 가장 널리 알려진 비빔밥에도 고추장 양념이 들어간다.

된장찌개

오징어볶음

부대찌개

비빔밥

몸짓 언어

한국 문화에서 사용되는 특별한 몸짓 언어가 있다.

여기로 와

상대방이 내가 있는 쪽으로 오기를 원할 때 손바닥의 방향이 아래로 향하게 하고 앞뒤로 흔든다. 나보다 어린 사람이나 친구들 사이에서만 사용한다. 한국에서는 개나 고양이 등과 같은 동물을 부를 때 손바닥이 위로 향하게 하기 때문에 사람을 부를 때에는 손바닥이 위로 향하게 해서는 안된다.

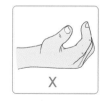

잘 가

손바닥이 앞을 보이게 한 후 왼쪽, 오른쪽으로 흔든다.

질문 있어요

한국에서는 질문을 하거나 질문에 대한 대답을 하기 위해서 손을 들어야 할 때 손가락

O

X

하나만을 들지 않고 손바닥을 펴거나 주먹을 쥐고 손을 든다.

OK 표시

한국에서는 엄지와 집게손가락을 동글게 말아서 만드는 OK 표시는 좋다는 의미도 있지만, 돈을 나타내는 표시로도 사용한다.

약속해요

한국에서 양쪽 손의 새끼손가락을 서로 구부려 잡는 것은 약속의 의미로 사용된다.

한국에서 사용하는 독특한 몸짓 언어

• 사랑해

'사랑해'라는 말을 표현하는 손동작이다. 모양이 ♡를 나타낸다.

• 술 한 잔 하자

'술 마시고 싶다', '술 한 잔 하자'라는 말을 표현하는 동작으로 손에 컵을 들어 마시는 모양을 표현한다.

• 잘못했어요

나이가 많은 어른, 부모, 선생님들에게 잘못한 것이 있어서 혼날 때 한국에서는 상대방의 눈을 바로 바라보지 않고 고개를 살짝 숙이고 있어야 한다. 이것이 예의라고 생각한다.

O   X

방문 예절

한국의 독특한 방문 예절 중 하나는 신발을 벗고 집 안으로 들어가는 것이다.

집 안에서는 신발을 벗어요.

한국의 방문 예절 중 가장 중요한 것은 집에 들어갈 때는 꼭 신발을 벗고 들어가야 한다는 것이다. 한국은 옛날부터 온돌이 있는 방에 앉아서 생활했기 때문에 집 안으로 들어갈 때는 신발을 벗고 들어갔다. →온돌 그래서 지금도 한국의 집에는 문을 열면 신발을 벗을 수 있는 현관이 있고 현관에는 신발을 넣을 수 있는 신발장이 있다.

현관과 신발장

신발을 벗고 들어가는 모습

집들이

집들이는 새로운 집에 이사한 사람이 처음 친구나 친척들을 초대하여 집을 구경시키고 음식을 대접하는 일을 말한다. 초대한 사람은 보통 함께 먹을 음식을 준비하고, 초대받은 사람은 축하의 의미로 선물을 준비해 간다. 선물로는 보통 휴지나 세제를 준비한다. 휴지는 하는 일이 잘 풀리라는 뜻이 있으며 세제는 세제의 거품처럼 집에 좋은 일이 많이 일어나라는 뜻이 있다. 이 외에도 주방에서 사용할 수 있는 물건, 실내 장식을 위한 물건, 화분 등을 선물하기도 한다.

집들이 선물로 사 가는 휴지

세제 거품

분식

분식은 떡볶이, 김밥, 라면, 어묵처럼 간편하게 먹을 수 있는 음식이다.

분식이 뭐예요?

'분식'은 가루라는 뜻의 '분'과 음식을 뜻하는 '식'이 합쳐져서 생긴 말로 '밀가루로 만든 음식'을 뜻한다. 원래 분식은 밀가루로 만든 라면이나 국수, 빵과 같은 음식을 뜻하는 단어였는데 현재는 떡볶이, 김밥, 순대, 어묵 등 가격이 싸고 간편하게 먹을 수 있는 모든 음식을 이르는 말로 의미가 더 넓어졌다.

전통적으로 한국인들은 쌀로 만든 밥을 주로 먹었다. 그러나 인구에 비해 항상 쌀은 부족했고 한국전쟁 이후로 쌀 부족은 더욱 심각해졌다. 그래서 1960-70년대에 한국 정부는 쌀 대신에 밀가루로 만든 음식인 분식을 먹자고 하는 '분식 장려 정책'을 실시했다. 그 이후로 분식은 한국의 대중적인 음식이 되었다.

한국의 대표적인 분식 메뉴

떡볶이
얇고 길쭉한 떡에 여러 가지 채소와 어묵을 넣고 간장이나 고추장 양념으로 끓이거나 볶는 음식. →떡 →된장·고추장

라면
기름에 튀겨서 말린 국수를 가루 수프와 함께 끓인 음식. 끓이기가 아주 간단하고 값도 싸서 많은 사람들이 즐겨 먹는 음식이다.

김밥
넓은 김 위에 밥을 펴 놓고 햄, 계란, 단무지, 채소 등을 넣고 둘둘 말아 먹는 음식. 일반적인 김밥 외에도 치즈 김밥, 참치 김밥, 고추 김밥 등 종류가 다양하다.

어묵 국물
생선살과 밀가루를 섞어서 튀긴 어묵을 국물에 넣고 끓인 음식. 주로 떡볶이나 김밥과 함께 먹는다. (어묵을 '오뎅'이라고 부를 때도 많은데 이것은 일본어 표현이다.)

순대
돼지의 창자 속에 선지(돼지의 피), 당면, 채소 등을 넣고 삶아서 익힌 음식. 주로 소금이나 떡볶이 국물에 찍어서 먹는다.

튀김
생선이나 야채 등을 밀가루에 묻혀서 기름에 튀긴 음식. 오징어 튀김, 고추 튀김, 고구마 튀김, 김말이 튀김 등이 있다.

어디에서 분식을 팔아요?

분식을 파는 곳을 분식집이라고 하는데, 보통 분식집의 이름은 '○○분식', '○○김밥', '○○떡볶이'라고 되어있다. 그리고 길거리 음식 중에서도 분식이 많다.

분식집

비빔밥

비빔밥은 밥에 다양한 채소, 달걀, 고기 등을 넣고 고추장 양념과 함께 비벼서 먹는 음식이다.

비빔밥은 어떻게 만들어요?

비빔밥은 '비비다'와 '밥'이 합쳐서 된 단어로 대표적인 한국 전통 음식이다. 비빔밥은 밥 위에 고기, 다양한 채소, 달걀 등을 넣고 고추장 양념과 함께 섞어 먹는다. →된장·고추장

비빔밥이 어떻게 만들어졌는지에 대해서는 세 가지 이야기가 전해진다.

첫 번째는 한국의 독특한 제사 풍습에서 비빔밥이 시작되었다는 것이다. 밥, 고기, 생선, 채소 등을 놓고 제사를 지낸 뒤 이 음식을 밥과 함께 비벼 먹었던 데서 비빔밥이 생겼다는 이야기이다.

두 번째는 음력 12월 31일 음식을 남긴 채 새해를 맞지 않기 위해 밤에 남은 밥과 반찬을 모두 넣고 비벼서 먹었던 풍습으로부터 비빔밥이 생겼다는 이야기이다.

세 번째는 농사를 지을 때 농사 일을 함께 하던 사람들이 음식을 한꺼번에 넣고 비벼서 나눠 먹었다는 데서 비빔밥이 생겼다는 이야기이다.

다양한 비빔밥

재료와 지역에 따라서 다양한 비빔밥이 있다.

- 재료

– 산채비빔밥 : 산에서 나는 채소로 만든 비빔밥

– 육회비빔밥 : 익히지 않은 고기(육회)를 넣어 만든 비빔밥

– 돌솥비빔밥 : 따뜻함을 유지하도록 돌로 만든 솥에 넣어 주는 비빔밥

산채비빔밥　　　　　　　육회비빔밥　　　　　　　돌솥비빔밥

- 지역

어느 지역에서나 비빔밥을 많이 먹지만 특별히 전주와 진주 지역의 비빔밥이 유명하다.

– 전주비빔밥 : 전라북도 전주 지방의 전통적인 비빔밥이다. 전주비빔밥에는 콩나물과 황포묵이 들어가는 것이 특징이다.

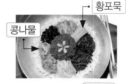

콩나물　　황포묵

– 진주비빔밥 : 경상남도 진주의 전통적인 비빔밥이다. 양념된 육회가 들어가는 것이 특징이다.

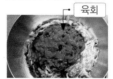

육회

비빔밥에 담긴 한국 문화

비빔밥은 맛뿐만 아니라 모양과 색도 중요하게 생각하는 음식이다. 한국에서는 전통적으로 기본이 되는 다섯 가지 색깔의 조화를 중요하게 생각했다. 그래서 비빔밥은 다섯 가지 색을 담고 있다.

비빔밥은 다양한 재료를 함께 비벼서 여러 사람들이 나누어 먹었던 한국 문화에서 비롯되었으며, →'우리' 여러 재료들이 조화롭게 섞여 하나의 새로운 맛을 만들어 낸다는 점이 특징이다.

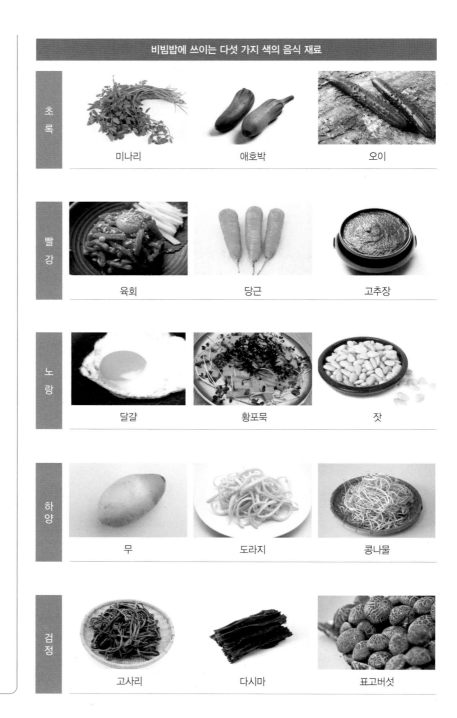

비빔밥에 쓰이는 다섯 가지 색의 음식 재료

초록	미나리	애호박	오이
빨강	육회	당근	고추장
노랑	달걀	황포묵	잣
하양	무	도라지	콩나물
검정	고사리	다시마	표고버섯

삼계탕

삼계탕은 여름철에 먹는 한국의 건강 음식이다.

삼계탕은 어떤 음식이에요?

삼계탕의 '삼'은 인삼을, '계'는 닭을 뜻하며, '탕'은 물을 넣고 끓인 음식을 이르는 말이다. →인삼 삼계탕은 닭 안에 찹쌀과 마늘, 대추, 인삼 등을 넣고 물을 부어 오래 끓인 음식으로 인삼 향과 닭고기의 고소한 맛이 난다.

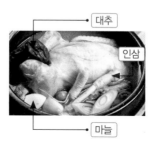
대추
인삼
마늘

삼계탕은 언제 먹어요?

삼계탕은 여름철 더위를 이겨내기 위해 먹는 대표적인 음식이다. 한국은 여름이 매우 덥다. →날씨 기온이 높고 습도가 높은 여름에는 식욕이 떨어지고 땀이 많이 나서 기운이 빠지기 쉽다. 건강을 지키기 위해 여름에 삼계탕을 먹는 풍습은 옛날부터 이어져 내려오고 있다. 요즘에는 이미 조리가

마트에서 판매하는 조리된 삼계탕

되어서 누구나 손쉽게 데워서 먹을 수 있는 상품도 판매되고 있다.

복날에 삼계탕을 먹으려고 줄을 선 사람들

복날
복날은 여름철의 몹시 더운 기간을 말한다. 보통 음력 6월에서 7월 사이에 세 개의 복날인 '삼복'이 있다. 삼복은 초복, 중복, 말복을 가리키는 말이다. 옛날부터 복날에는 부족한 영양을 보충하는 음식을 먹는 풍습이 있었다. 복날에 먹는 대표적인 음식이 바로 삼계탕이다.

설은 새해의 첫날이다.

한국의 설날은 언제예요?

'설(설날)'은 새해의 첫날이다. 한국에는 음력설과 양력설이 있다. →공휴일
그러나 보통 한국에서 설이라고 하면 음력설을 말하는 것이다. 한국은
옛날에 음력 날짜를 사용했기 때문에 전통적인 명절도 음력으로 정해졌
다. 한국에서는 현재 양력을 사용하지만, 여전히 설이나 추석과 같은 전
통적인 명절은 모두 음력으로 정해진다. 설은 음력 1월 1일이고 추석은
음력 8월 15일이다. →추석 그래서 현재 우리가 사용하는 양력 달력을 보
면 설날과 추석의 날짜가 매년 달라지는 것을 볼 수 있다.

2월 2021년						
일	월	화	수	목	금	토
	1	2	3	4	5	6
7	8	9	10	11	12 음 1.1	13
14	15	16 음 1.15	17	18	19	20
21	22	23	24	25	26	27
28						

2021년의 설 날짜
← 양력 2월 12일
← 음력 1월 1일

세배와 세뱃돈

설날에 하는 일 중에 가장 중요한 것은 세배이다. 세배는 새해 첫날에 하는 첫인사로 한복을 입고 절을 하는 것이다. →한복 세배를 하는 사람은 "새해 복 많이 받으세요."와 같은 복을 빌어주는 말을 하며 절을 한다. →인사 예절 그러면 세배를 받은 사람 역시

아이들이 세뱃돈을 받는 모습

새해의 건강과 행복을 빌어주는 말을 해준다. 이것을 '덕담'이라고 한다. 또 세배를 받은 사람은 감사의 인사로 '세뱃돈'을 준다. 옛날에는 세배하러 온 사람에게 술이나 떡, 과일 같은 음식을 대접했는데 요즘에는 세뱃돈을 주는 것으로 바뀌었다.

설날의 놀거리·먹을거리

설날에 하는 전통 놀이 중에 가장 대표적인 것은 윷놀이이다. →윷놀이 윷놀이는 여러 명이 함께 하는 놀이이다. 가족을 중요하게 생각하는 한국인들은 이렇게 설날에 윷놀이와 같이 다 함께 즐길 수 있는 놀이를 하면서 가족들 간의 관계가 더욱 깊어질 수 있도록 한다. →가족

가족이 함께 윷놀이 하는 모습

또 설날에는 떡국을 꼭 먹는다. →떡 옛날부터 한국 사람들은 설날에 떡국을 먹어야 나이를 한 살 더 먹는다고 했다. 떡국은 보통 고기를 끓인 물에 흰 가래떡을 넣어서 만든다. 그리고 떡국에 만두를 넣어 먹기도 한다.

떡국

소주

소주는 한국 사람들이 좋아하는 대중적인 술이다.

한국 사람들은 왜 소주를 좋아해요?

오래전부터 소주는 한국인들의 힘든 삶을 달래주는 친구와 같은 술이었다. 맥주의 알코올 도수가 약 4도인데 반해 소주의 알코올 도수는 약 20도로 높다. 그리고 소주는 맥주나 양주보다 가격이 싸다. 그래서 한국이 경제적으로 여유롭지 못했던 때에 포장마차 같은 곳에서 값싼 안주와 함께 마시는 술이 바로 소주였다. 요즘에는 소주와 맥주를 섞어서 마시는 사람들도 많다. 소주와 맥주를 섞은 술을 줄여서 '소맥'이라고 부른다. ─줄임말

알코올 도수
술에 알코올이 들어있는 비율

양주
서양식 술. 위스키, 브랜디, 진 등이 있다.

포장마차

포장마차에서 소주를 마시는 모습

치맥 (치킨과 맥주)
한국 사람들은 맥주도 많이 즐기는 편이다.
시원한 맥주는 치킨과 같이 먹을 때 아주 맛이 좋아서
'치맥'이라는 신조어까지 생겼다.

소주와 어울리는 안주

한국 사람들은 친구나 동료들과 함께 밥을 먹고 술을 마시며 즐거운 시간을 보내는 것을 매우 좋아한다. 회식이나 뒤풀이를 할 때도 술이 거의 빠지지 않는다. →회식 이때 소주는 가장 인기 있는 술이다. 소주는 국물이나 매운 음식과 잘 어울린다. 가장 대표적인 소주 안주는 삼겹살, 부대찌개, 감자탕 등이다.

삼겹살

부대찌개

감자탕

한국의 술 문화

한국에서는 술을 마실 때 나이가 많은 사람이나 지위가 높은 사람에게 먼저 술을 따라 주어야 한다. 이때 반드시 두 손으로 따른다. 그리고 상대방의 술잔에 술이 남았을 때 더 따라주면 안 된다. 반드시 술을 다 마시고 난 뒤에 새로 따라 주어야 한다. 윗사람이 주는 술을 받을 때는 꼭 두 손으로 받고 술을 마실 때는 고개를 돌려 얼굴이 보이지 않게 하고 마신다.

윗사람이 주는 술을 받을 때

윗사람과 함께 술을 마실 때

속담

이건 비밀인데 너한테만 말해줄게

쉿 낮말은 새가 듣고 밤말은 쥐가 듣는데

속담은 옛날부터 전해져 내려오는 교훈이 담긴 짧은 말이다.

속담이 뭐예요?

속담은 옛날부터 사람들의 입에서 입으로 전해져 온 간단한 말로 그 속에 많은 뜻과 교훈이 담겨 있다. 직접적인 표현보다는 비유적인 표현이 많다. 한국의 속담은 한국 사람들의 생활과 문화에 관련된 표현이 많다. 특히 한국인이 많이 먹는 밥, 죽, 떡과 관련된 속담과 제사, 굿 등 전통 문화와 관련된 속담이 많다.

생활과 관련된 속담

• 가랑비에 옷 젖는 줄 모른다.

아주 작은 일이라도 계속되면 큰일이 된다는 뜻이다. 가랑비는 아주 가늘게 내리는 비이다.

• 밥 먹을 때는 개도 안 때린다(안 건드린다).

아무리 잘못을 했어도 음식을 먹고 있을 때는 때리거나 혼내지 말라는 뜻이다.

• 식은 죽 먹기

매우 쉬운 일이라는 뜻이다. 뜨겁지 않은 죽을 먹는 것은 매우 쉽다. 밥이 주식인 한국은 물을 많이 넣고 만든 밥인 죽에 대한 속담이 많다.

- 불 난 집에 부채질한다.

  다른 사람의 어려움이 점점 더 커지도록 만들거나, 화가 난 사람을 더욱 화나게 만든다는 뜻이다.

유교·불교·무속신앙 관련 속담

- 떡 본 김에 제사 지낸다. →제사

  우연히 좋은 기회가 생겨서 하고 싶었던 일을 한다는 뜻이다.

- 중이 제 머리를 못 깎는다.

  자신에 관한 일은 자기가 스스로 해결하기는 어렵기 때문에 다른 사람들의 도움이 필요하다는 뜻이다. 중은 불교의 '스님'을 말한다. 스님은 머리를 기르지 않고 모두 깎는데 스스로 머리를 깎을 수가 없기 때문에 이런 말이 생겼다.

- 굿이나 보고 떡이나 먹자. →무당·굿

  남의 일에 쓸데없는 간섭을 하지 말고, 되어가는 상황을 보고 있다가 이익이나 얻으라는 뜻이다.

동물과 관련된 속담

- 서당 개 삼 년이면 풍월을 읊는다.

  어떤 분야에 대해 아는 것이 아무것도 없는 사람이라도 그 분야에 오래 있으면 어느 정도 지식과 경험을 가질 수 있다는 뜻이다. 서당은 조선시대 초등교육기관이고 풍월을 읊는다는 것은 글을 읽는 것을 말한다. →서당

- 호랑이도 제 말 하면 온다.

  다른 사람에 관한 이야기를 하면 마침 그 사람이 그 자리에 나타난다는 뜻이다. 한국은 주변에 산이 많다. 그래서 산속에 사는 호랑이에 대한 속담이 많다. 깊은 산에 있는 호랑이도 자기에 대하여 이야기하면 찾아온다는 뜻으로, 어느 곳에서나 그 자리에 없다고 남을 나쁘게 말해서는 안 된다는 말이다.

- 소 잃고 외양간 고친다.

  일이 이미 잘못된 뒤에는 다시 해결하려고 해도 소용이 없다는 뜻이다. 외양간은 소나 말을 기르는 공간이다. 외양간이 망가져서 소가 도망간 후에 외양간을 고쳐도 소용없다는 말이다.

한국어능력시험(TOPIK)에 자주 출제되었던 속담

- **싼 게 비지떡** 값이 싼 물건은 그만큼 질이 나쁘다는 뜻
- **밑 빠진 독에 물 붓기** 아무리 노력해도 성공할 수 없다는 뜻
- **세 살 버릇 여든까지 간다** 어릴 때 생긴 습관은 나이가 들어도 쉽게 고칠 수 없다는 뜻
- **가는 말이 고와야 오는 말도 곱다** 대화할 때 상대방에게 말을 좋게 해야 상대방도 말을 좋게 한다는 뜻
- **돌다리도 두드려 보고 건너라** 모든 일은 언제나 조심해야 한다는 뜻
- **하나를 보면 열을 안다** 사물의 일부를 보고 전체를 추측해 볼 수 있다는 뜻.
- **달걀로 바위치기** 싸워서 절대 이길 수 없다는 뜻
- **꿩 대신 닭** 필요한 게 없으면 비슷한 다른 것으로 바꿔서 사용한다는 뜻
- **낮말은 새가 듣고 밤말을 쥐가 듣는다** 말을 함부로 해서는 안 되고, 말조심하라는 뜻
- **누워서 떡 먹기** 매우 쉬운 일이라는 뜻
- **말 한마디로 천 냥 빚을 갚는다** 말 한마디에 어떤 어려움도 해결할 수 있다는 뜻, '냥'은 고려시대부터 쓰인 화폐 단위, '빚'은 남에게 빌린 돈
- **산 넘어 산** 갈수록 더욱 어렵고 곤란한 일만 생긴다는 뜻
- **아니 땐 굴뚝에 연기 나랴** 원인이 있으니 결과가 나온다는 뜻
- **울며 겨자 먹기** 싫어도 억지로 한다는 뜻
- **천 리 길도 한 걸음부터** 시작이 중요하며 큰일이라도 하나씩 이루어가라는 뜻, '리'는 조선 후기 때부터 사용했던 거리 단위(1리 = 0.392727km)
- **티끌 모아 태산** 아무리 작은 것이라도 모이면 나중에 큰 덩어리가 된다는 뜻

식사 예절

밥을 함께 먹는 것을 중요하게 생각하는 한국 사회에서 식사 예절은 중요하다.

식사를 시작하기 전에

한국 음식을 먹을 때에는 숟가락과 젓가락을 사용한다. 숟가락과 젓가락을 항상 같이 사용하기 때문에 이것을 함께 '수저'라고 부른다.

한국의 식사 예절에서는 음식 그릇과 수저를 놓는 위치가 정해져 있다. 먹는 사람이 바라보았을 때, 왼쪽에는 밥그릇을, 오른쪽에는 국그릇을 놓는다. 수저는 국그릇의 오른쪽에 놓는다.

개인이 먹는 음식

함께 먹는 음식

한국 사람들은 다른 사람과 식사를 할 때 찌개나 반찬 등 함께 먹는 음식을 가운데에 놓는다.

식사를 할 때

먼저 드실 때까지
기다려야지.

- 식사를 시작하기 전에는 보통 "잘 먹겠습니다.", "맛있게 드세요." 등의 인사를 한다.
- 윗사람이 먼저 식사를 시작한다. 아랫사람은 기다렸다가 윗사람이 수저를 들면 식사를 시작한다.

- 밥그릇과 국그릇은 손으로 들고 먹지 않는다. 모든 그릇은 밥상에 놓고 먹어야 한다.

- 국물도 그릇째 들고 마시는 것보다는 숟가락으로 국물을 떠먹는 것이 좋다.

- 한국 음식을 먹을 때 손으로 음식을 집어 먹지 않는다. 수저를 사용한다.

- 음식을 씹을 때는 밥을 씹는 소리가 나지 않도록 입을 벌리지 않고 씹는다.
- 입안에 음식이 있는 상태에서 말하지 않는다.

- 수저를 밥의 가운데에 세워서 꽂으면 안 된다. 이렇게 하는 것은 제사를 지낼 때 죽은 사람을 위한 음식이라는 뜻이기 때문이다. →제사

식사를 마친 후에

윗사람이 여전히 식사 중일 경우에는 밥을 먹는 자리에서 먼저 일어나면 안 된다. 윗사람이 식사를 마치기 전에는 수저를 밥상에 내려놓지 않도록 하고 윗사람의 식사 속도에 맞추는 것이 좋다. 윗사람이 식사를 다 마치고 수저를 밥상에 내려놓으면 식사를 마친다.

식사를 마친 후 밥그릇이나 국그릇 위에 수저를 얹어 둔 상태로 일어나면 안 된다. 처음 식사를 시작할 때 수저가 놓여있었던 자리에 다시 내려놓고 일어나야 한다.

식사를 마친 후에는 말없이 일어나는 것보다는 "잘 먹었습니다." 등의 인사를 하는 것이 좋다.

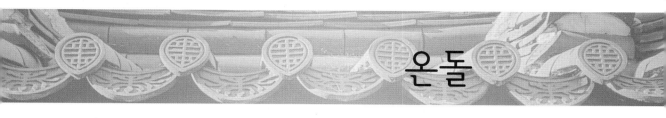

온돌

온돌은 방바닥을 따뜻하게 하는 한국 고유의 난방 방식이다.

온돌은 어떻게 방을 따뜻하게 해줘요?

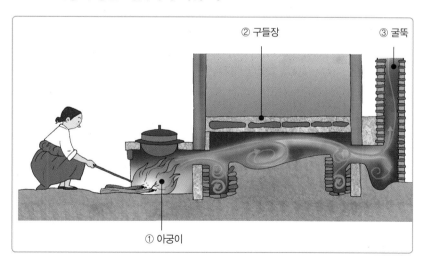

② 구들장
③ 굴뚝
① 아궁이

한국의 겨울은 매우 춥고 건조하다. →날씨 그래서 옛날 한국 사람들은
겨울에 따뜻하게 지내기 위해서 온돌을 만들었다.
온돌은 아궁이에서 만들어진 불이 방 밑의 구들장을 데워서 방바닥을
따뜻하게 하는 난방 방식이다.

① **아궁이**는 방 한쪽에 구멍을 뚫어 잘라진 나무을 넣고 불을 붙이는 곳이다.

② **구들장**은 방 밑에 깔아놓은 얇고 넓은 돌이다. 아궁이에서 만들어진 뜨거운 공기가 방 밑을 지나가면서 구들장을 데운다. 데워진 구들장이 방바닥을 따뜻하게 만들어서 더운 공기가 방 전체에 퍼진다.

③ 구들장을 데우고 남은 연기는 **굴뚝**을 통해 빠져나간다.

온돌은 한국 민족 고유의 난방 방식이에요.

한반도에서의 온돌 난방은 2000년 이상의 역사를 가지고 있다. B.C. 3세기경부터 사용된 온돌 유적이 한반도 전 지역에서 발견되었다. 그리고 삼국시대의 여러 유적지에서도 구들장이 발견되었다. 고려시대부터는 온돌이 점차 평범한 사람들의 집에서까지 사용되기 시작했고, 조선시대에는 더 많은 집에서 온돌 난방을 하게 되었다.

온돌은 한국 민족 고유의 난방 방식이다. 옛날 중국의 기록(구당서,舊唐書)에도 삼국시대 고구려의 집에 있는 구들장에 대한 기록이 있다. 또 고구려 벽화(벽에 그린 그림)에도 아궁이에 불을 피우고 밥을 하는 여인의 그림이 발견된다. 이렇게 한국 고유의 난방 방식으로 인정된 온돌은 2018년에 대한민국 국가무형문화재 제135호로 지정되었다.

아궁이와 굴뚝이 있는 부엌에서 밥을 하는 여인의 그림 (고구려 벽화, 4세기경)

현대의 온돌 문화

지금은 아궁이에서 불을 피워 구들장을 데우는 전통적인 온돌 난방은 거의 사라졌다. 하지만 전통 온돌 난방과 비슷하게 방바닥을 따뜻하게 하는 난방 방식은 지금까지도 계속되고 있다. 지금은 아궁이 대신 보일러를 이용해서 물을 데우고, 따뜻하게 데워진 물이 방바닥에 깔아놓은 파이프를 통과하면서 방바닥을 따뜻하게 만든다.

현대 사회의 한국인들은 대부분 침대에서 잠을 자지만, 오랫동안 온돌 생활을 해온 한국인들은 여전히 따뜻한 바닥을 좋아한다. 그래서 침대 위에 전기요나 온수매트를 깔아 등이 닿는 부분을 따뜻하게 하고 자는 사람들이 많다. 또 나이가 많은 어른들은 침대를 사용하지 않고 따뜻한 온돌방에 요를 깔고 자기도 한다. 그리고 한국에는 흙침대, 돌침대라는 것이 있다. 흙침대와 돌침대는 이름은 침대이지만 푹신푹신한 매트가 없고 온돌방의 바닥과 같이 딱딱하고 따뜻한 것이 특징이다.

요
바닥에 까는 이불

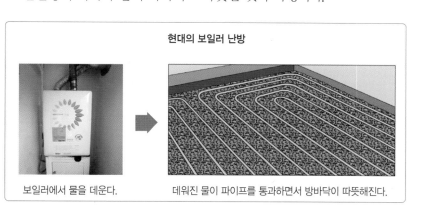

현대의 보일러 난방

보일러에서 물을 데운다.　　　　데워진 물이 파이프를 통과하면서 방바닥이 따뜻해진다.

전기요 – 전기선이 깔린 요

돌침대 – 바닥을 돌로 만든 침대

온돌 때문에 생긴 특이한 한국 문화 중 하나는 집에 들어갈 때 신발을 벗고 들어가는 것이다. 한국은 옛날부터 온돌이 있어서 주로 바닥에 앉아서 생활했기 때문에 밖에서 더러워진 신발을 신고 집 안에 들어가지 않는다. →방문예절 →집 또 바닥 난방에 익숙한 한국인들은 따뜻한 방바닥에 몸을 눕히고 쉬는 것을 좋아한다. 그래서 따뜻한 방에 누워서 편하게 쉴 수 있는 찜질방은 많은 한국인들의 사랑을 받고 있다. →방 문화

인사 예절

한국은 유교적 전통이 남아 있어서 인사 예절을 중요하게 생각한다.

다양한 인사법

- 친구를 만났을 때

- 직장동료를 만났을 때

15°
가벼운
인사

- 윗사람을 만났을 때

45°
정중한
인사

안녕하세요?

배꼽인사
보통 아이들이 하는 인사로 두 손을 배꼽 위에 두고 허리를 굽혀 인사한다.

상황에 따른 인사말

- 밤에 자기 전/ 아침에 일어났을 때

안녕히
주무세요.

안녕히
주무셨어요?

밤에 자기 전

아침에 일어났을 때

- 식사할 때 →식사 예절

잘 먹겠습니다

잘 먹었습니다

식사 전

식사 후

- 외출할 때/ 집에 돌아왔을 때

외출할 때

집에 돌아왔을 때

윗사람이
외출하실 때

윗사람이 집에
돌아오셨을 때

- 헤어질 때

특별한 날에 하는 인사법

- 설 (음력 1월 1일)

한국에서는 설날에 만나면 "새해 복 많이 받으세요."라고 인사한다. 이것은 '새로운 일 년 동안 좋은 일이 많이 있기를 바랍니다.'라는 뜻이다. 설날에는 이런 인사말과 함께 '세배'를 한다. ⊟설 설에 하는

한국 전통 인사 방법인 절을 가리켜 세배라고 한다. 보통 아랫사람이 윗사람에게 세배를 한다. 세배하는 방법은 남자와 여자가 다르다. 남자는 왼손이 위로, 여자는 오른손을 위로 오도록 해서 세배를 한다.

세배하는 방법

한국 사람들이 자주 쓰는 재미있는 인사

• "뭘 이런 걸 다…"

선물을 받았을 때, 한국 사람들은 바로
고맙게 받는 것이 조금 부끄럽다고 생각
한다. 그래서 '이런 선물을 주지 않아도
되는데 선물을 줘서 정말 고맙다.'라는
뜻으로 "뭘 이런 걸 다…" 라는 말로 고
마움을 이야기한다.

• "네, 그럼 들어가세요."

전화 통화를 끝낼 때 한국 사람들은 상
대방이 옆에 있는 것처럼 "네, 그럼 들어
가세요."라고 말을 하고 끊는다.

• 언제 밥 한번 먹자

한국 사람들은 "언제 밥 한번 먹자"라는
인사를 자주 한다. →밥 이 말은 진짜로
약속해서 밥을 먹자는 말이 아니다. 한국
사람들은 그냥 헤어지기가 어색한 상황
에서 이런 말을 자주 한다. 한국 사람들
에게 밥을 함께 먹는 사이는 가까운 사이
라는 뜻이다. 따라서 이런 인사는 곧 상
대방을 가깝게 생각한다는 표현이다.

자장면

자장면은 고기와 채소를 넣고 볶은 중국식 된장(춘장)에 비벼 먹는 국수이다.

자장면은 한국 음식이에요?

자장면(짜장면)은 처음에는 중국에서 들어왔지만 이제는 완전히 한국화된 음식이다.

한국의 자장면은 중국 음식인 **작장면(炸醬麵)**이 그 시작이다. 1883년 인천에 중국인들이 많이 들어와서 살게 되면서 중국 음식점이 생기고 작장면을 처음으로 팔기 시작했다. 이후 중국의 작장면은 한국식 자장면으로 변화되었는데, 중국의 작장면과는 달리 한국식 자장면은 달콤한 맛의 재료를 넣어서 한국인의 입맛에 맞게 바꾼 음식이다. 중국의 작장면은 단맛보다 짠맛이 강한 데 비해 한국식 자장면은 단맛이 더 많이 나며 부드럽고 기름이 많은 편이다.

1960-70년대에는 한국 정부의 분식 장려 정책으로 자장면이 한국인들 사이에서 최고의 외식 메뉴가 되었다. →분식 그래서 자장면은 1980년대까지도 입학식이나 졸업식, 이삿날과 같은 특별한 날에 먹는 최고의 인기 음식이었다. 이제 자장면은 특별한 날에만 먹을 수 있는 음식은 아니지만 여전히 인기 있는 외식 메뉴이자 배달 음식이다. →배달 문화

▪ 자장면/짜장면
2011년 이전까지는 '자장면'만 맞는 표기법이었는데, 2011년 국립국어원에서 '자장면'과 '짜장면'을 모두 맞는 것으로 인정하였다.

▪ 중국의 작장면

공화춘

한국에서는 인천에 있는 공화춘(共和春)이라는 중국 음식점에서 1908년에 처음으로 한국식 자장면을 팔기 시작했다.

공화춘

자장면은 뭐랑 같이 먹어요?

• 단무지

자장면을 먹을 때는 단무지를 같이 먹는다. 단무지는 이름 그대로 단 맛이 나는 무이다. 단무지는 자장면과 함께 먹는 반찬 같은 것인데 맛이 달콤하고 새콤해서 자장면과 잘 어울린다.

• 짬뽕

자장면과 함께 중국 음식점에서 자주 시켜 먹는 메뉴로 짬뽕이 있다. 짬뽕은 얼큰한(매운) 국물이 있어서 한국 사람들이 아주 좋아한다. '짜장면을 먹을까, 짬뽕을 먹을까'를 고민하는 사람들이 꽤 많아서 짬뽕과 짜장면을 반반씩 담아 한 그릇에 주는 '짬짜면'이라는 새로운 메뉴까지 개발되었다.

짬짜면

• 탕수육

자장면, 짬뽕과 함께 자주 먹는 요리로 탕수육이 있다. 탕수육은 돼지고기를 길게 잘라 튀긴 음식으로 소스와 함께 먹는다.

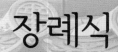
장례식

장례식은 사람이 죽으면 치르는 의식이다.

한국에서는 사람이 죽으면 어떻게 해요?

사람이 죽으면 보통 3일 동안 장례를 지내는 삼일장을 많이 한다. 3일 동안 지내는 장례를 삼일장, 5일 동안 지내는 장례를 오일장이라고 한다.

임종 – 부고 – 염습 – 입관 – 발인 의 순서로 진행된다.

① 임종: '사람이 죽다'를 '임종(운명)하다'라고 한다.

② 부고: 주변 사람들에게 죽음을 알린다. 이것을
　　　　'부고'라고 한다.

③ 염습: 운명한지 하루가 지나면 죽은 사람을 깨
　　　　끗이 닦고 수의를 입히는 것을 '염습'이라
　　　　고 한다.

염습

④ 입관: 염습이 끝나면 죽은 사람이 흔들리지 않
　　　　도록 관에 넣는다.

⑤ 발인: 입관을 한 죽은 사람이 집이나 장례식장을 떠나는 것이다. 발인에 앞서 간단한 제사 음식을 차려 놓고 제사를 지낸다. 이를 '발인제'라 한다. 발인제가 끝나면 죽은 사람을 땅에 묻을 장소나 화장하는 장소로 간다.

수의
죽은 사람들에게 입히는 옷.
원래 한국의 전통적인 수의는 '살아있을 때 입던 옷 중에 가장 좋은 옷'이었다. 그런데 현재는 '삼베'로 만든 수의가 전통처럼 되었다.

화장
죽은 사람의 몸을
불에 태우는 것

다양한 장례 방식

매장   화장   수목장

한국의 장례식의 모습은 어때요?

전통적으로는 집에서 장례식을 했지만 현대에는 장례식장에서 한다.
현대의 장례식은 국화로 장식하며, 장례식에서 죽은 사람의 가족들은 검은색 양복과 한복을 입는다. 그리고 남성 **상주**는 왼쪽 팔에 삼베로 만든 띠를 찬다. 또 남자들은 가슴에, 여자들은 머리에 흰색 리본을 단다.

상주
죽은 사람의 가족 대표

국화로 장식한 장례식장

죽은 사람의 가족들이 입는
검은색 한복과 양복

삼베로 만든 띠와 흰색 리본

장례식에 갈 때는 어떻게 해야 해요?

장례식에 갈 때 보통 검은색 옷을 입는 것이 예의이다. 그러나 꼭 검은색 옷이 아니라도 어두운 색 옷을 입는 것이 좋다. 민소매의 옷이나 너무 화려한 옷을 입지 않아야 한다.

장례식에 갈 때에는 '부의금'을 준비해서 가야 한다. 결혼식과 마찬가지로 한국에서는 서로 좋은 일이나 나쁜 일 등 큰일이 있을 때 서로 돕는 마음을 표현하기 위해서 돈을 낸다. →'우리' →결혼식 장례식장에 가면 앞면에는 한자로 부의금이라고 쓰여 있는 봉투가 준비되어 있다. 그 봉투 뒷면에 부의금을 내는 사람 이름을 쓴다.

민소매

장례식에 갈 때 입는 옷

부의금 봉투

장례식에 가면 어떻게 인사해요?

① 장례식에 왔다고 이름을 쓰고 상주에게 말없이 고개 숙여 인사를 한다. 이때 부의금을 낸다.(마지막에 나오면서 내기도 한다)

② 향을 꽂거나 앞에 놓인 국화를 가져와 상에 놓는다.

③ 죽은 사람에게 절 두 번을 한 후 허리만
  숙여 인사 한 번을 한다.
  절을 하는 대신 고개를 숙여 인사를 하
  거나 기도를 하기도 한다.

④ 옆에 있는 가족들과 서로 마주 보면서
  절을 한 번 한다. 절을 하는 대신 고개를
  숙여 인사를 한 번 하기도 한다.

장례식 인사 순서

정은 사람과 사람 사이에 서로 가깝고 친하게 느끼는 마음이다.

한국의 '정'을 알고 싶어요.

한국의 정은 사람과 사람 사이에서뿐만 아니라 지역이나 사회의 공동체 안에서도 느낄 수 있다. 한국문화 속 정에는 한국의 '우리' 문화도 깊이 들어있다. 한국은 옛날부터 가족 중심적인 사회였기 때문에 좋은 일이든 나쁜 일이든 가족이나 주변 사람들과 함께 했다. 그래서 한국의 정은 '우리'라고 부르는 관계 속에서 생겨난다. →'우리'

같은 고향 사람, 같은 학교 동창들에게 어려운 일이 생겨서 도움을 요청한다면 '정' 때문에 거절하지 않고 친구를 도와주는 경우가 많다.

회사에서 거래를 할 때 새로운 곳에서 훨씬 더 좋은 가격이나 조건을 제시해도 기존에 계속 거래해왔던 곳과 계속 거래를 하는 경우가 있는데 이것은 이익보다는 관계와 정이 더 중요하기 때문이다.

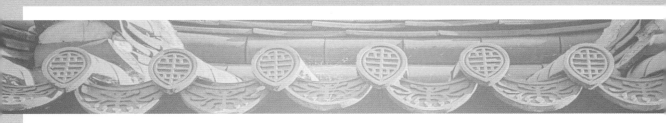

맛있는 음식을 만들면 동네 이웃과 함께 나눠 먹고, 어려운 사람들이 있으면 그냥 지나가지 못하는 마음도 '정'이라고 한다.

음식점에서 추가로 반찬을 달라고 하면 주인은 돈을 더 받지 않고 가져다준다. 이것은 음식을 먹으러 온 사람들이 부족하지 않을까 생각하는 마음, 주인의 '정'이 담긴 것이다. →덤

'정'에 대한 다양한 한국어 표현

한국어 표현에서 사람과 사람 사이의 감정을 표현하는 어휘에는 '정'에 관한 것이 많다.

- 미운정, 고운정(속담) 오랫동안 좋은 일, 힘든 일을 함께 하면서 생긴 깊은 마음
- 정답다 따뜻한 정이 있다.
- 정겹다 정이 많고 매우 다정하다.
- 정들다 정이 생겨서 상대방한테 마음이 깊어지다.
- 정떨어지다 좋은 마음이 없어져서 싫다는 생각이 들다.

한국의 집에는 전통 집의 특징이 많이 남아 있다.

한국의 전통 집은 어땠어요?

기와

소나무
기둥

기와집

볏짚

초가집

볏짚

한국의 대표적인 전통 집은 기와집과 초가집이다. 현재 초가집은 거의 없어졌지만 기와집은 아직도 많이 남아 있다. 한국의 전통 기와집은 '한옥'이라고 부른다. 한옥의 구조를 보면 안에는 안방(가장 큰 방), 사랑방(손님맞이 방), 건너방(작은 방), 마루(거실), 부엌이 있고 화장실은 밖에 있다.

한국은 여름이 덥고 습하며, 겨울은 춥고 건조하다 →날씨 그래서 한국의 전통 집인 한옥에는 겨울철 난방을 위한 온돌과 여름철 더위를 피하기 위한 대청마루가 있다. →온돌

한국의 전통부엌:
부엌에 있는 아궁이의 불을 통해 온돌이 있는 방바닥이 따뜻해진다.

온돌방:
바닥이 따뜻한 온돌방에서는 이불(요)을 펴고 바닥에서 잠을 잔다.

대청마루:
대청마루는 한옥의 거실이며 아래와 위 그리고 양쪽 옆으로 바람이 잘 통해서 여름철에 시원하다. 집 안으로 들어가기 전 신발을 벗어 놓는 곳이 있다.

현대의 한국 사람들은 아파트, 빌라, 단독주택, 오피스텔 등에서 산다. 그래서 한국의 전통 집은 현재 많이 볼 수 없다. 한국의 전통 집은 서울 북촌 한옥마을, 서울 남산 한옥마을, 전주 한옥마을 등에 가면 볼 수 있다.

서울
한옥마을

전주
한옥마을

서울 북촌 한옥마을

서울 남산 한옥마을

전주 한옥마을

전통 집의 특징이 남아 있는 한국의 현대 집

한국 사람들이 주로 사는 아파트, 빌라. 오피스텔 등은 집마다 구조가 조금씩 다르지만 한국 전통 집의 특징들이 아직도 많이 남아 있다.

- 대청마루에 들어갈 때 신발을 벗었던 것처럼 집에 들어가기 전에 현관에서 신발을 벗는다. 신발을 넣어둘 수 있는 신발장이 있다.
- 대청마루가 집의 중앙에 있었던 것처럼 현대의 집에도 집 안으로 들어가면 대부분 가운데에 거실이 있다. 가족이 함께 모여 생활하는 것을 중요하게 생각하는 한국 사람들의 생활 습관을 보여주는 구조이다.

한국의 현대 집 구조

현관

- 전통 한옥에는 마당(정원)이 있어서 마당 한쪽에 된장, 고추장이나 김치를 보관하는 '장독'을 놓는 장독대가 있다. →된장·고추장 →김치 그러나 현대 한국 사람들이 많이 사는 아파트, 빌라 등에는 마당이 없다. 마당대신 베란다(발코니)가 있어서 그 기능을 대신한다. 그래서 베란다(발코니)에 장독을 두고 고추장·된장을 보관하기도 하고, 여러 식물을 키우기도 한다.

한옥 마당의 장독대

베란다(발코니)에 놓인 장독

추석

추석은 한국 고유의 명절로 음력 8월 15일이다.

추석은 한국 고유의 명절이에요.

추석은 음력 8월 15일이다. 봄에서 여름 동안 기른 곡식과 과일을 수확
한 것을 감사하는 날이다. 추석은 가을 뜻하는 '추(秋)'와 밤을 뜻하는 '석
(夕)'이 합쳐진 말로 가을날 달이 가장 밝은 밤이라는 뜻이다. 또 추석은
'한가위'라고도 부른다. 크다는 뜻의 '한'과 가을의 가운데라는 뜻의 '가
위'가 합쳐진 말로 가을의 한가운데에 있는 큰 날이라는 의미이다.

한국 사람들은 신라 시대부터 음력 8월 15일을 중요한 명절로 지켜오고
있다. 옛날부터 이날은 활쏘기나 실로 옷감을 짜는 대회를 하고 음악을
즐기며 풍성한 음식을 나누어 먹는 중요한 날이었다. 이처럼 추석은 한
국의 고유한 명절로서 오래전부터 한국인들의 생활 속에서 전해져 내려
왔다.

추석에 무엇을 해요?

오랜 시간 동안 농사를 짓는 생활을 한 한국인들에게 곡식과 과일을 많
이 수확하는 추석은 일 년 중 가장 즐거운 날이었다. 그래서 한국 속담
에 '더도 말고 덜도 말고 한가위 만큼만'이라는 말도 있다.

수확하다
다 자란 곡식과 과일을
거두다.

차례

추석에는 곡식을 수확한 것을 감사하기 위해 조상께 차례를 지낸다. 추석 차례상에는 새로 수확한 쌀로 만든 떡과 술, 그리고 사과·배·밤·감 등 다양한 과일을 놓는다. 차례를 지낸 후 조상의 무덤을 찾아가 성묘를 한다. →제사

전통적으로 한국인들은 추석 전날에 가족들이 다 같이 모여 송편을 만들었다. →떡 송편은 쌀가루를 반죽하여 팥, 콩, 밤, 깨 등을 넣고 반달 모양(◗)으로 만든 떡이다. 요즘에는 송편을 직접 만들지 않고 사다 먹기도 하지만 추석 때 송편을 먹는 전통은 사라지지 않고 계속되고 있다.

전통적으로 추석 때는 마을 사람들이 모두 모여 줄다리기, 강강술래 등 함께 하는 놀이를 했다. 비록 지금은 이런 함께 하는 놀이가 대부분 사라졌지만 여전히 가족과 친척들은 추석 때 모여서 함께 명절을 지낸다.

송편

팥 검은콩 깨 밤

송편 안에 들어가는 재료

강강술래

줄다리기

호칭

여기요.

호칭은 다른 사람을 부를 때 사용하는 말이다.

■촌
나와 친척 사이의 멀고 가까운 정도를 나타낸 수(삼촌 사촌 등)

한국은 가족 호칭이 다양해요.

한국은 옛날부터 오랫동안 농사를 짓는 사회였다. 농사일을 위해서는 일손이 많이 필요했기 때문에 대가족을 이루며 살았고 한 마을에 친척들이 모여 사는 경우도 많았다. →가족 한국에서는 가족과 친척 간의 관계가 중요하기 때문에 직접 이름을 부르지 않고 가족과 친척을 부르는 다양한 호칭으로 부른다. 아버지 쪽의 가족과 어머니 쪽의 가족 호칭이 서로 다르며 전통의 남성 중심 사회의 영향으로 인해 아버지 쪽 가족 호칭이 더 다양하다.

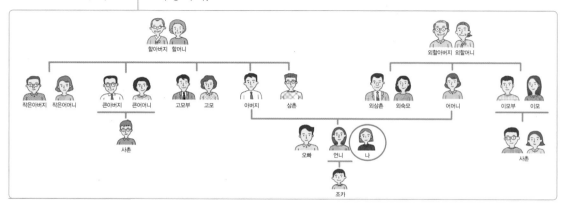

가족 외의 다른 사람을 어떻게 불러요?

● ○○님

직장에서의 호칭은 직위 뒤에 '님'을 붙여 부르는 것이다. 예를 들어서 부장의 직위를 가지고 있는 사람을 부를 때는 '부장님', 과장의 직위를 가지고 있는 사람을 부를 때는 '과장님'이라고 부른다. 직업 뒤에 '님'을 붙여 부르기도 한다. 선생님, 원장님, 교수님, 기사님 등으로 부르는 것이 그 예이다. 또 직업이나 직위 등을 잘 모르는 사람을 부를 때 그 사람을 높이기 위해 사장님, 선생님 등으로 부르기도 한다.

직위
직장에서 맡는 역할과 책임에 따른 명칭

● ○○씨

'영수 씨', '민아 씨'처럼 이름 뒤에 '씨'를 붙여 부를 수도 있다. 그러나 나이가 많거나 직위가 높은 사람을 부를 때에는 사용하지 않는다. 또 '김 씨'처럼 성 뒤에 '씨'를 붙여서는 잘 부르지 않으니 조심해야 한다.

● 저기요, 여기요.

길을 묻기 위해 모르는 사람을 부를 때나 식당에서 종업원을 부를 때에는 '저기요', '여기요'라고 부른다. 모르는 여성을 부를 때에는 그 사람의 나이나 결혼 여부에 대해 잘 모르기 때문에 나이가 많은 기혼 여성을 부를 때 사용하는 '아주머니', '아줌마'라고 부르지 않는 것이 좋다.

● 가족 호칭

한국 사람들은 가족 같은 친근함을 표현하기 위해서 가족이 아닌 사람에게도 가족 호칭을 쓴다. →가족 →'우리' 자신보다 나이가 많은 사람을 부를 때 형/누나라고 부르거나 오빠/언니라고 부른다. 또 어머니의 여자 형제가 아니더라도 어머니의 친구를 '이모'라고 부른다. 식당에서 "여기요, 밥 한 그릇 더 주세요."라고 하는 것보다 "이모, 여기 밥 한 그릇 더 주세요."라고 하는 것이 듣는 사람에게 더 친근하게 느껴질 것이다.

꼭 알 아 야 할
한 국 문 화 100

V.

한국의 예술과
대중문화

공연 예술
길거리 공연
도자기
드라마
미술관
민화
박물관
방 문화
부채춤
서예
시조
신명
씨름
아리랑
영화
웹툰
윷놀이
전통 악기
탈춤
태권도
판소리
풍물놀이
한류
한지
화병

공연 예술

한국에는 공연 예술을 볼 수 있는 다양한 공연장이 있다.

한국의 전통 공연을 볼 수 있는 곳

전통 악기 연주, 전통 소리 공연, 전통 무용 공연 등을 보고 싶으면 서울시 서초구에 있는 국립국악원과 서울시 종로구에 있는 서울 돈화문 국악당을 찾아가면 된다. 그 외에도 서울시 중구에 있는 국립극장이 있다. →전통 악기 →판소리

국립국악원   서울돈화문
              국악당

국립극장

전통 악기 연주

전통 소리 공연

전통 무용 공연

발레, 뮤지컬, 클래식 공연 등을 볼 수 있는 곳

발레, 뮤지컬, 클래식 공연 등을 보고 싶으면 서울시 서초구에 있는 예술의 전당과 서울시 종로구에 있는 세종문화회관을 찾아가면 된다. 각 지방에도 공연 예술을 볼 수 있는 공연장이 있다. 부산에는 부산문화회관, 인천에는 인천문화예술회관 등이 있다.

예술의 전당

세종문화회관

예술의 전당   세종문화회관

연극을 볼 수 있는 곳

서울시 종로구에 위치한 대학로에는 연극을 공연하기 위한 소극장이 많다. 대학로에 있는 소극장에서는 하루에 여러 차례 연극이 공연된다. 소극장에서는 관객과 배우가 함께 소통할 수 있어서 재미있게 연극을 관람할 수 있다.

소극장
규모가 작은 극장

대학로의 소극장

난타

한국의 특별한 공연: 난타

〈난타〉는 대사 없이 리듬과 상황만으로 구성된 한국형 뮤지컬 공연이다. 한국의 전통 음악인 사물놀이의 리듬을 현대적으로 표현한다. →풍물놀이 물건을 두드려서 신나는 리듬을 만들고 대사 없이 동작을 하는 공연이라서 한국어를 모르는 외국인도 즐겁게 볼 수 있다.

난타는 네 명의 요리사들이 주방에서 음식을 만들면서 일어나는 이야기이다. 칼, 도마, 냄비, 프라이팬, 접시 등을 두드려서 한국의 전통적인 리듬을 표현한다. 미국 브로드웨이 등 외국에서도 공연되어 인기를 얻었다. 서울시 중구 명동의 난타 극장에서 공연한다.

길거리 공연

길거리 공연은 길거리에서 하는 예술 활동·공연이다.

길거리 공연은 어디에서 볼 수 있어요?

길거리 공연으로 유명한 곳으로는 서울의 홍대, 대학로가 있다. 또 관광명소, 광장, 시장, 공원 등 길거리 곳곳에서도 길거리 공연을 볼 수 있다. 길거리 공연에는 많은 사람들이 참여하여 함께 문화 예술을 즐긴다.

길거리 공연의 모습

한국의 길거리 공연에서는 다음과 같은 다양한 종류의 공연이 있다.

- 국악, 풍물놀이, 전통 무용 등의 한국 전통 공연
- 바이올린, 색소폰 등 다양한 악기 공연
- 대중가요, 랩, 인디밴드 등 다양한 장르의 노래 공연
- 비보잉, 각종 댄스, 마술 등의 퍼포먼스 공연

길거리 공연

한국의 전통 길거리 공연에는 어떤 것이 있어요?

전통적으로 한국은 야외에서 여러 사람이 함께 모여 즐기는 문화가 많았다. 그중 풍물놀이, 탈춤 등이 대표적인 한국의 전통 길거리 공연이다. 풍물놀이는 농사를 지을 때 또는 설날과 같은 특별한 날에 야외에서 여러 사람들이 신명 나게 악기를 연주하며 춤을 추는 놀이이다. →신명
→풍물놀이 탈춤은 탈(가면)을 쓰고 춤을 추면서 하는 한국의 전통 연극이다. 탈춤은 마을에 많은 사람들이 모이는 곳, 시장 등에서 공연되었으며 구경하는 사람들도 함께 참여하며 즐겼다. →탈춤

탈춤

줄타기를 하는 모습

풍물놀이

한국은 옛날부터 길거리 공연을 하는 것이 직업인 사람들이 있었으며, 이
들을 '광대'라고 하였다. 광대는 가면을 쓰고 공연하는 사람이라는 뜻이
었으나 점차 연극, 줄타기, 판소리 등을 하는 직업 예술인을 가리키는 말
이 되었다. 여러 명의 광대들이 함께 모여 한 팀을 만들어서 공연을 하였
는데 이것을 '광대패'라고 하였다. 광대패는 사람들이 많이 모인 곳에서
공연을 하고 돈을 받았다. 그들의 공연에는 줄타기, 탈춤, 인형극, 악기
연주와 춤 등 한국의 모든 전통 문화예술이 모두 포함되었다.

'광대'를 소재로 한 영화

왕의 남자(2005)   광대들(2019)

도자기

한국의 도자기는 고려시대 청자와 조선시대 백자가 유명하다.

한국 도자기가 왜 유명해요?

한국의 도자기는 고려시대의 청자와 조선시대의 백자가 유명하다. 고려의 청자는 신비한 푸른빛과 상감 기법으로 유명하고, 조선의 백자는 순수하고 깨끗한 아름다움으로 유명하다.

고려시대 청자의 푸른빛은 다른 도자기에서는 볼 수 없는 신비한 아름다움을 가지고 있다. 또 여기에 상감 기법을 사용하여 도자기에 무늬를 넣었다. 상감 기법을 이용해서 도자기에 무늬를 넣는 방법은 고려에서 독자적으로 개발한 것이다. 고려시대에는 불교 문화가 도자기 기술과 만나 독특한 아름다움을 자랑하는 도자기가 많이 만들어졌다. 그래서 고려청자는 고려의 주요 수출품이었다.

조선시대에는 흰색의 도자기인 백자가 많이 만들어졌다. 전통적으로 한국에서 흰색은 깨끗함과 순수함, 여유로움과 평화를 상징한다. 또한 한국문화에서는 빈 공간을 두어 아름다움

상감 기법
도자기 표면에 조각칼로 무늬를 새긴 다음, 거기에 흰색 흙과 붉은색 흙을 넣은 후 약을 발라 구워 내는 방법

독자적
남에게 기대지 아니하고 혼자서 하는

상감기법

고려청자

백자

을 표현하는 '여백의 미'를 중요시했다. 조선의 백자는 이 여백의 미를 표현하는 대표적인 예술품이다.

생활 속의 도자기

한국에는 예술 작품으로서의 도자기뿐만 아니라 생활 속에서 사용되는 도자기도 많다. 한국 사람들은 밥그릇이나 국그릇, 컵 등에 도자기 제품을 많이 사용한다. 또 된장·고추장, 김치를 보관할 때 도자기의 한 종류인 장독을 사용하는 사람들이 많다. →된장·고추장
→김치

도자기 컵과 그릇

장독

한국에서 열리는 세계 도자기 축제

실용적인 도자기 제품들은 마트, 전통시장, 도자기 가게 등 어디서나 살 수 있다. 그런데 옛날부터 도자기를 만드는 것으로 유명한 경기도 광주이나 이천에 가면 품질이 좋고 다양한 도자기 제품을 더 많이 찾아볼 수 있다. 옛날부터 도자기는 서울까지 운반이 쉽고 좋은 재료를 구할 수 있는 경기도 지역에서 많이 만들었다. →행정구역 그래서 세계도자비엔날레((Korean International Ceramic Biennale, 京畿世界陶瓷博覽

도자기 만들기 체험

會)도 경기도 이천시, 여주시, 광주시에서 열린다. 세계도자비엔날레에 가면 도자기 예술 작품을 볼 수 있을 뿐만 아니라 도자기 생활용품도 살 수 있다. 또 간단한 도자기 제품을 만들어 보는 체험도 할 수 있다.

드라마

한국 드라마는 가족 이야기가 많다.

한국 드라마는 어떤 내용이에요?

한국 드라마에는 한국의 사회와 문화 그리고 유행 등이 잘 나타나 있다. 또 한국 사람들의 기쁨, 슬픔, 갈등, 고민 등 다양한 감정들을 잘 보여준다. 그래서 이러한 문화와 감정을 잘 보여줄 수 있는 가족 이야기를 소재로 한 드라마가 많다.

특히 집안의 반대로 이루어질 수 없는 사랑 이야기, 시어머니와 며느리와의 갈등, 출생의 비밀 등의 주제로 만들어진 드라마가 많다. 이것은 한국이 전통적으로 가족 중심 사회였으며, '우리' 문화에 익숙하기 때문이다. 한국 사회는 개인보다는 집단, 그중에서도 가족이라는 가장 작은 단위에 중요한 의미를 둔다. 게다가 혈연으로 연결된 가족관계를 중요하게 생각하기 때문에 혈연으로 복잡하게 연결된 연애와 사랑, 가족 이야기가 많다. →가족 →'우리' 이런 드라마는 마지막 부분에서 가족과 관련된 문제가 잘 해결되거나 서로 갈등 관계에 있던 가족이 화해하는 내용으로 끝난다.

최근에는 변호사·의사·군인 등 전문직에 관련된 이야기, 범죄 사건을 소재로 한 이야기, 회사 생활에 관한 이야기, 한국의 입시 제도를 둘러싼 이야기, 귀신이나 도깨비 등 한국 전통문화를 소재로 한 이야기까지 다양한 소재가 드라마로 만들어지고 있다.

군인과 의사의 사랑을 소재로 한 드라마

태양과 후예(2016)

한국 전통문화를 소재로 한 드라마

도깨비(2016)

가족을 소재로 한 드라마

하나뿐인 내편(2018)

'막장' 드라마가 뭐예요?

한국 드라마에 가족 이야기와 함께 빠지지 않는 주제가 있다. 바로 사랑과 연애이다. 실제로 한국의 어느 드라마에도 사랑과 연애는 절대 빠지지 않는다. 게다가 한국 드라마는 시청률을 올리기 위해 사회적으로 올바르지 않거나 비정상적인 관계 등의 자극적인 내용을 포함시키도 한다. 예를 들면 가족 간의 폭력, **삼각관계**와 **불륜** 등이 그것이다. 실제 현실에서는 보기 힘든 이야기를 심하게 과장해서 시청자들의 관심을 끈다. 이러한 드라마를 '막장' 드라마라고 부른다. 막장 드라마는 시청자들의 비판을 받으면서도 또 한편으로 인기를 얻고 있다.

막장 드라마

팬트하우스(2020)

삼각관계
세 명의 남녀 사이의 애정관계

불륜
이미 결혼 한 남녀가 다른 사람들과 사랑을 하는 것

K-DRAMA

한국의 드라마는 해외에서 큰 인기를 얻으면서 K-DRAMA라고 불린다. 한국 드라마는 1990년대 〈사랑이 뭐길래〉라는 드라마로 중국에서 가장 먼저 인기를 얻기 시작했다. 그 이유는 한국 드라마 속에서 보이는 가족 관계에 문화적 공감을 형성할 수 있었기 때문이었다.

2003년에는 〈겨울연가〉가 일본에서 큰 인기를 얻었으며 그 이후 〈대장금〉 등 다양한 한국 드라마가 동남아시아(태국, 베트남 등)와 서아시아(이란, 사우디아라비아 등)에서도 인기를 얻었다. 한국문화와 다를 것이라고 예상했던 이슬람 문화에서도 한국 드라마가 인기를 얻었다. 그 이유는 윗사람을 공경하는 한국인의 유교 문화, 가족에 대한 책임감 등이 이슬람 문화에서도 문화적 공감을 이끌어냈기 때문이었다. 현재 K-DRAMA는 계속해서 세계화 시대에 맞춰 다양한 이야기로 발전하고 있다.

일본에서 인기를 얻은 드라마	동남아시아와 서아시아에서 인기를 얻은 드라마
겨울연가(2002)	대장금(2003)

미술관

미술관에서 한국의 현대 미술과 전통 미술을 감상할 수 있다.

한국 현대 미술을 볼 수 있는 곳

국립현대미술관은 1969년 과천, 1998년 덕수궁, 2013년 서울 종로구, 2018년 청주에 이렇게 4개의 미술관을 개관하였다. 국립현대미술관 안에는 어린이들이 작품을 감상하고 직접 그림을 그려볼 수 있는 어린이 미술관도 있다.

국립현대미술관 덕수궁(서울시 중구)

국립현대미술관

나혜석〈무희〉 (1927~1928)

이중섭〈흰소〉 (1954)

서양화는 1910년대에 한국에 처음 들어왔다. 광복 이후에는 서양 미술에 한국 전통 미술을 담아내려는 시도가 많이 있었다. 1960년대 이후로 다양하고 새로운 미술 작품 활동이 있었다. 1980년대에는 현실 문제를 고발하고 새로운 희망을 표현하는 미술이 탄생하였다. 이후에는 미디어아트, 비디오아트 등 독창적이며 다양한 방법의 창작 활동이 활발하게 전개되었다. 2000년부터는 미술이 문화산업의 한 부분이 되었다.

한국의 전통 미술을 볼 수 있는 곳

한국 전통 미술 작품에는 수묵화, 풍속화, 민화, 고려청자와 조선백자, 서예, 수예 등이 있다. 이러한 전통 미술 작품을 감상하기 위해서는 국립중앙박물관 이나 간송미술관에 가면 된다. →민화 →도자기 →서예

서울시 용산구에 있는 국립중앙박물관에는 한국의 전통 예술 작품이 전시되어 있다. →박물관 서울시 성북구에 있는 간송미술관은 한국 최초의 사립 박물관이며 여기에는 훈민정음의 창제 원리가 설명된 〈훈민정음 해례본〉 →언어 을 비롯하여 정선, 김홍도, 김정희의 작품, 고려청자, 조선백자 등 약 5000점의 전통 예술 작품과 문화재가 보존되어 있다.

국립중앙박물관   간송미술관

수묵화 안견〈몽유도원도〉

풍속화 김홍도〈활쏘기〉

풍속화 신윤복〈풍속산수화〉

민화

고려청자

조선백자

서예

수예

민화

민화는 일반 사람들이 그린 한국의 옛 그림이다.

민화가 뭐예요?

민화는 정식으로 그림 교육을 받지 않고, 이름이 알려지지 않은 화가들이 그린 옛 그림이다. 화려하지 않고 재미있게 그린 것이 특징이다. 또 민화는 주로 집을 장식하기 위한 실용적 목적으로 사용되었기 때문에 같은 종류의 그림이 많다.

민화는 한국인들이 좋아하고 바라는 것과 교훈적인 이야기 등을 직접적이면서도 재미있게 표현한 대중예술이다. 그래서 민화에는 복을 많이 받고 건강하게 오래 살기를 바라는 옛날 한국 사람들의 마음이 나타나 있다. 또 민화는 효나 예의 등의 삶의 올바른 가치를 보여주기도 한다. →효
이러한 민화의 내용은 한국의 전통 무속과 불교, 유교 등의 영향을 받았다. →무당·굿

민화에는 어떤 것을 많이 그렸어요?

민화는 그리는 소재에 따라 몇 가지 종류로 나눌 수 있다.

꽃과 한 쌍의 새가 함께 있는 그림
한 쌍의 새는 행복한 부부 생활을 상징하여
주로 신혼부부의 방이나 안방 장식으로 많이
쓰였다.

물고기, 게 등 물에 사는 동물을 그린 그림
주로 젊은 부부의 방을 장식하기 위해,
혹은 사회적 성공을 기원하기 위해
사용되었다.

십장생(해, 산, 물, 돌, 구름, 소나무, 불로초, 거북, 학, 사슴)을 그린 그림
오래도록 살고 죽지 않는다는 십장생처럼 오래 살기를 기원하는 그림이다. 이러한 의미 때문에 환갑잔치에 자주 쓰인다. →띠

→띠

소나무에 앉아 있는 까치와 호랑이를 그린 그림
집안에 나쁜 귀신이 들어오거나 나쁜 일들이
일어나지 않기를 기원하는 그림이다.

산과 물 등의 자연환경을 그린 그림
아름다운 자연 풍경을 그려 사랑방 병풍에 붙
이는 그림으로 많이 사용되었다.

불로초
먹으면 늙지 않는다고 하는 상상
속의 풀

사랑방
한옥에서 남편이 손님을 맞이하
는 방 →집

조선
민화박물관
(강원도 영월)

이 외에도 일상생활의 모습을 그린 그림, 가르침이 있는 옛이야기를 담은
그림, 무속 신들을 그린 그림 등 여러 가지가 종류가 있다.

박물관

한국의 대표적인 박물관은 국립중앙박물관이다.

한국에는 어떤 박물관이 있어요?

한국에는 국가에서 만든 국립박물관과 그 지역에서 만든 공립박물관, 그리고 개인이 만든 사립박물관이 있다. 대표적인 국립박물관으로는 국립중앙박물관과 국립한글박물관, 대한민국역사박물관 등이 있으며, 공립박물관에는 전쟁기념관, 강원도DMZ박물관, 한성백제박물관 등이 있다. 사립박물관은 떡박물관, 뮤지엄김치관, 가구박물관 등 매우 다양하다.

국립박물관

• 국립중앙박물관

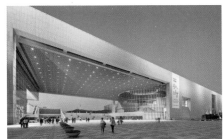

국립중앙박물관의 모습

국립중앙박물관 전시실

국립중앙박물관
홈페이지

국립중앙박물관
e뮤지엄

국립중앙박물관에 전시되어 있는 신라시대 금관 (보물 338호)

국립중앙박물관에 전시되어 있는 고려시대 청자 (보물 1930호) →도자기

국립중앙박물관은 서울시 용산구에 있다. 국립중앙박물관은 한국의 가장 대표적인 박물관으로 다양한 유물과 전통 예술 작품들이 전시되어 있다. 또 어린이박물관도 함께 있어서 어린이들도 즐겁게 관람할 수 있다. 관람료는 모두 무료이지만 기획전시는 유료이다.

• 국립한글박물관

국립한글박물관 서울시 용산구에 있다. 국립중앙박물관 바로 옆에 있어서 함께 가 볼 수 있다. 국립한글박물관에서는 전시품을 통해 한글이 만들어진 원리와 다양한 한글 글씨체를 볼 수 있다. →언어 →세종대왕 또 외국인들을 위한 체험학습 공간인 [한글배움터]와 어린이들을 위한 [한글놀이터]가 있어서 체험하면서 한글을 쉽게 이해할 수 있다.

국립한글박물관
누리한글놀이터

국립한글박물관의 모습

국립한글박물관 전시실

국립한글박물관에 전시된
다양한 한글 글씨체

국립한글박물관에 전시된
한글 관련 자료

한글 놀이터

공립박물관

• 전쟁기념관(박물관)

전쟁기념관은 서울시 용산구에 있다. 전쟁기념관에서는 한반도의 전쟁의 역사와 유물을 한 곳에서 볼 수 있다. 특히 한국전쟁에 대한 많은 자료와 유물들이 전시되어 있어 자유와 평화의 소중함에 대해 알려주고 있다.

→한국전쟁

전쟁기념관에 전시된 조선시대 전쟁 유물

전쟁기념관에 전시된 한국전쟁 유물

전쟁기념관

한성백제박물관

강원도DMZ
박물관

사립박물관

떡 박물관
Tteok Museum

류지영
김치간

KOREA FURNITURE MUSEUM
한국가구박물관

방 문화

방 문화는 방처럼 만든 공간에서 즐기는 문화이다.

한국은 왜 'ㅇㅇ방'이 많아요?

한국 사람들은 마치 자신의 방에 있는 것처럼 오랜 시간을 자유롭게 놀 수 있고, 편한 자세로 있을 수 있고, 음식을 먹을 수도 있는 방처럼 만든 공간을 좋아한다. 그래서 찜질방, PC방, 노래방 등 ㅇㅇ방이 많다. 한국의 전통 집인 한옥에는 이웃이나 친구들의 모임의 공간으로 사용되던 사랑방이 있었다. →집 지금도 한국 사람들은 여럿이 어울려 함께 놀거나 쉴 수 있는 방 문화를 즐긴다.

다양한 방 문화

● 찜질방

찜질방은 한국의 전통 문화인 온돌 문화를 바탕으로 한 독특한 방 문화 중 하나이다. →온돌 '찜질'은 뜨거운 모래나 물에 몸을 담가 땀을 흘려 몸의 상태를 좋게 하는 일을 말한다. '찜질방'은 이런 찜질을 할 수 있는 뜨거운 방이 있는 시설이다. 사람들은 찜질방에 가서 목욕도 하고 다양한 시설을 이용하면서 피로를 풀고, 함께 온 사람들과 음식을 먹으며 즐거운 시간을 보낸다.

찜질방에서 즐겨 먹는 음식 : 식혜와 구운 계란

찜질방에서 입는 옷 : 찜질복

• PC방

PC방은 여러 대의 컴퓨터를 설치하여 인터넷과 컴퓨터를 편하게 이용할 수 있는 시설이다. 보통 친구들과 함께 모여서 같이 인터넷 컴퓨터 게임도 하고 다양한 음식도 먹으며 놀기 위해서 PC방에 간다. 개인이 유료로 구입해야 하는 컴퓨터 게임을 PC방 이용 요금만 내고 이용할 수 있고 인터넷 속도도 매우 빨라서 PC방에는 인터넷 컴퓨터 게임을 하려는 사람이 많다.

PC방의 모습

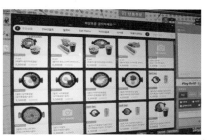

다양한 음식을 주문할 수 있는 PC방

● 노래방

노래방은 편하게 노래를 할 수 있게 만들어진 방이다. 노래연습장이라고
도 한다. 친구끼리 모이거나 회식의 2차 순서로 노래방을 찾는 경우가 많
아서 길거리에서 노래방을 쉽게 볼 수 있다. →회식 보통 여럿이 방 하나를
빌려서 시간당 요금을 내고 이용한다. 노래를 부르면서 음료를 마시거나
간식을 먹을 수 있다. 요즘에는 시간에 따라 요금을 내지 않고 노래 한
곡마다 돈을 내는 코인(동전) 노래방도 있다.

노래방

부채춤

부채춤은 한복을 입고 양손에 화려한 부채를 들고 추는 춤이다.

부채춤이 뭐예요?

부채춤은 한복을 입고 족두리를 쓴 여러 명의 여자 무용수가 화려한 부채를 들고 한국 전통 음악에 맞추어 꽃이나 나비 등 아름다운 모양을 만들며 추는 춤이다. →한복 판소리, 탈춤 등과 같은 한국 전통 예술에서는 공연에 부채가 많이 사용됐다. 이렇게 옛날부터 부채를 들고 추는 춤이 있었지만 오늘날 우리가 볼 수 있는 부채춤은 1950년대에 무대 공연을 목적으로 창작된 것이다.

족두리

부채춤에는 어떤 부채를 사용해요?

부채춤에 사용되는 부채는 접었다 펼 수 있는 부채이다. 부채에는 화려한 꽃이 그려져 있는 것이 특징이며 깃털을 붙여 사용하기도 한다. 종이로 만든 부채를 접고 펼칠 때 나는 소리, 부채를 펴서 들었을 때 크게 펼쳐지는 팔의 동작, 부채가 아름답게 돌아가는 모습 등 부채를 통해 동작의 의미와 느낌이 전달된다.

부채

부채춤에서 어떤 동작을 만들어요?

부채춤은 직선보다는 곡선을 이용한 동작으로 이루어져 있다. 다 같이 부채를 동시에 열었다 닫으면서 꽃봉오리, 나비, 산, 파도 등 우리 주변에서 볼 수 있는 모양을 만들어 표현한다. 이때 혼자 동작을 만드는 것이 아니라 여러 명이 협동하여 모양을 만드는 것이 부채춤의 매력이다.

꽃봉오리

국립국악원
부채춤 공연

꽃봉오리 모양

서예

서예는 붓으로 글씨를 쓰는 예술이다.

서예가 뭐예요?

서예는 붓으로 글씨를 아름답게 쓰는 것이다. 그래서 붓글씨라고도 부른다. 서예에서는 글씨를 쓰는 순서, 붓으로 종이를 누르는 힘의 정도, 글씨 색의 진하기, 글씨를 쓰는 속도, 점과 선의 구성 등 여러 가지 요소가 예술적 아름다움을 결정한다.

서예는 한국에만 있는 것은 아니다. 한자를 사용하는 나라에서는 모두 서예 문화가 발달했다. 그래서 중국, 한국, 일본, 베트남 등 아시아의 여러 나라에 서예가 있다. 하지만 한국에는 한자로 쓰는 서예뿐 아니라 한글로 쓰는 서예도 있다. 그리고 서예에는 다양한 글씨체가 있어서 그 아름다움도 각각 다르다.

한글 정자체

한글 흘림체

> **다양한 글씨체의 도장**
>
> 아름다운 서예의 글씨체는 도장을
> 만들 때도 사용된다.
>
>

서예 도구

- 붓: 나무로 된 자루 끝에 동물의 털을 꽂아서 만든다.
- 종이: 서예를 할 때는 주로 닥나무로 만든 한지를 쓴다. →한지
- 먹: 글씨를 쓸 때 사용하는 검은 물감으로 벼루에 갈아서 쓴다.
- 벼루: 먹을 가는 데 쓰는 도구로 보통 돌로 만든다.

문방사우 (붓, 종이, 먹, 벼루를
다 합쳐서 '문방사우'라고 부른다.)

한국에서 서예로 가장 유명한 사람은 누구예요?

조선시대에 글씨를 잘 쓰기로 유명한 사람 중에 김정희라는 사람이 있었다. 김정희의 호가 추사(秋史)였기 때문에 '추사 김정희'라고 부른다. 김정희는 오랜 공부 끝에 자신만의 독특한 글씨체를 만들었다. 이것을 그의 호를 따서 '추사체'라고 부른다. 추사체는 기존의 글씨체들과 다른 개성을 가지고 있어서 많은 사람들이 좋아하고 따라했다.

현판
문 위에 다는 글자 판

추사체   추사 김정희가 쓴 봉은사 현판

시조

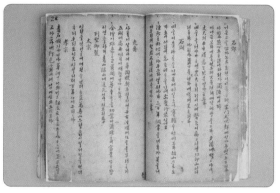

시조는 한국의 전통 시이며 노래의 가사로도 사용되었다.

시조가 뭐예요?

'시조'라는 말은 '시절가조(時節歌調)'의 줄임말로 그 시대에 유행하는 노래라는 뜻이다. 시조가 언제 만들어졌는지 확실하게 알려지지 않았다. 그러나 고려 중기에 만들어져서 고려 후기와 조선 초기에 완성되었다고 하는 이야기가 가장 일반적이다. 시조는 처음 생겨났을 때부터 문학이면서 음악이기도 하였다. 시조는 노래를 부르는 전문가가 공연하면서 인기를 얻었다.

시조는 어떤 형식이에요?

시조는 초장, 중장, 종장 3장으로 나누어져 있으며 총 45자 정도의 형식에 맞춰진 시이다. 이것을 시조 한(1) 수라고 한다. 이러한 시조의 형식이 여러 개 모여 긴 시조가 만들어지기도 한다. 시조의 주제는 고려 중기에서 조선 초기까지는 유교와 자연에 대한 것이 많았으며 이후에는 솔직한 사랑의 감정, 사회에 대한 비판 등으로 다양하게 바뀌었다.

고려시대 정몽주 〈단심가〉

초장: 이몸이 죽어죽어 일백번 곳쳐죽어
중장: 백골이 진토되여 넉시라도 잇고업고
종장: 님향한 일편단심이야 가싈 줄이 이시라

[현대 해석]
이 몸이 죽고 죽어 백 번을 다시 죽어서
뼈가 작은 흙이 되고 영혼이 있거나 없거나
임금을 위해 충성하는 마음이 변할 리가 없다.

이 시조는 정몽주가 고려시대가 끝나고 조선시대가 될 때 지었다. 자신이 죽더라도 고려의 왕을 버리지 않겠다고 이야기한다. 시조를 통해 고려의 왕에 대한 자신의 변하지 않는 마음을 노래한 것이다.

조선시대 황진이 〈청산리 벽계수야〉

초장: 청산리 벽계수야 수이감을 자랑마라
중장: 일도창해하면 다시 오기 어려워라
종장: 명월이 만공산 허니 쉬어간들 어떠리

[현대 해석]
청산에 흐르는 벽계수야 쉽게 흘러가는 것을 자랑하지 마라
한 번 바다에 나가면 다시 돌아오기 어려우니
달빛이 가득할 때 쉬어가는 것은 어떠하겠는가

이 시조는 조선시대에 황진이가 지었다. 황진이는 춤과 노래에 뛰어났던 조선시대를 대표하는 기생이다. 이 시조의 의미를 벽계수(흐르는 물)가 바다에 닿으면 다시 못 오니까 쉬어 가라는 것으로 해석하기도 하며 '벽계수'라는 사람을 유혹하는 노래라고 해석하기도 한다.

기생
한국 전통 사회에서 춤과 노래를 하며 잔치나 술자리를 즐겁게 만드는 직업

현대의 드라마, 영화, 무용극 등에서 많이 다루어지고 있는 황진이 이야기

드라마 황진이(2006)　　　영화 황진이(2007)　　　전통 무용극 황진이(2012)

신명은 여러 명이 함께 느끼는 즐거운 기분과 신나는 분위기이다.

신명은 어떤 감정이에요?

신명은 '재미나 즐거움을 일어나게 하는 마음'이라는 뜻으로 '흥'이라고 부르기도 한다. '신명 나다'라는 말로 많이 사용된다. '신명 나다'는 저절로 즐거운 기분이 생겨서 여러 명이 함께 신나게 즐긴다는 의미이다.

신명은 한국 무속 신앙인 '굿'과 관련된 말이다. →무당·굿 굿에서의 신명은 무당이 신과 연결되어 있는 감정 상태를 뜻한다. 이때 무당은 굿을 구경하는 마을 사람들에게 자신의 신명을 나누어 함께 놀게 한다. 무속에서 생겨난 신명은 굿, 탈춤 그리고 풍물놀이 등 전통 예술 속의 신명으로 이어졌다. →탈춤 →풍물놀이

신명 나는 풍물놀이

신명 나서 굿을 하는 무당

여러 명이 함께 할 때 느낄 수 있는 신명

신명은 공동체적인 감정이다. 신명은 개인적으로 체험되는 경우보다 집단적으로 체험되는 경우가 많으며 주변 사람들과 함께 있을 때 쉽게 전해지고 그 감정이 더 커진다. 그래서 옛날부터 한국 사람들은 여러 명이 함께 하는 굿이나 풍물놀이 등을 통해 서로 하나가 되어 어울리고 즐기면서 신명을 체험했다. 요즘에는 스포츠 경기의 응원과 콘서트장에서 여러 명이 함께 동시에 노래는 부르는 '떼창' 등에서 신명을 찾아볼 수 있다.

→응원 문화

야구 경기 응원

씨름

씨름은 유네스코 무형문화재로 등록된 한국의 전통 운동이다.

씨름은 어떤 운동이에요?

씨름은 두 사람이 샅바를 잡고 힘과 기술로 상대방을 넘어뜨려서 이기는 한국 전통의 놀이이자 운동 경기이다. 두 사람은 각각 홍샅바, 청샅바를 매서 각기 다른 팀임을 표시한다.

씨름

샅바

청샅바

홍샅바

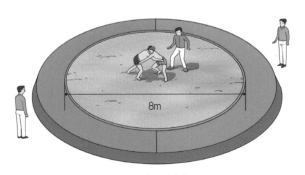

8m

씨름 경기장

씨름 경기장의 크기는 지름 8m이며 보통 모래로 되어 있다. 전통 놀이였던 씨름은 운동 경기로 발전하면서 손, 다리, 허리 등을 사용한 다양한 기술이 생겼다.

언제부터 씨름을 했어요?

고구려의 벽화

조선시대 김홍도 〈씨름도〉

한국 사람들은 아주 옛날부터 씨름을 했다. 약 4세기 고구려의 벽화에도 씨름하는 모습의 그림이 있다. 씨름은 조선시대에 와서 대중화되었다. 한국 사람들은 오래전부터 장소에 상관없이 잔치나 명절에 사람들이 많이 모이면 씨름을 즐겨 했다. 조선시대의 생활 모습을 표현한 그림 속에 씨름을 하는 모습이 그려진 것을 보면 씨름은 많은 사람들이 즐겼던 놀이였다는 것을 알 수 있다.

전통 한국 사회에서는 씨름에서 이긴 사람에게 힘이 세다는 '장사'라는 표현을 썼고, 씨름 대회에서 1등을 한 사람을 '천하장사'(세상에서 제일 힘이 센 사람)라고 불렀다. 씨름 대회에서 이긴 선수에게는 소 한 마리를 상품으로 줬다. 농사를 지었던 한국의 전통 사회에서는 소는 농사일을 도와주는 동물이었기 때문에 제일 좋은 상품이었을 것이다.

씨름은 2017년 국가 무형문화재 제131호로 지정되었으며, 2018년 남북 공동으로 유네스코 인류무형문화유산으로 지정됐다. 매년 설 명절에는 전국적인 씨름 대회가 열린다.

현대 씨름 대회

천하장사

팔씨름

팔씨름은 상대방의 팔이 바닥에 닿으면 이기는 놀이이자
운동 경기이다.
팔로 하는 씨름과 같아서 팔씨름이라고 한다.

아리랑

아리랑은 한국의 전통 노래이다.

아리랑

아리랑은 무슨 뜻이에요?

아리랑은 옛날부터 입에서 입으로 전해져 내려오면서 불리던 한국의 전통 노래이다. 아리랑의 의미에 대해서는 여러 가지 이야기가 있다. 그중 가장 대표적인 것은 '아리=아름다움', '랑=님'이라는 것이다. 아리랑은 한국을 비롯하여 한반도와 해외에 사는 교포들 사이에서도 널리 불리고 있다. 유네스코 인류무형문화유산에 지정되었다.

아리랑은 지역마다 가사와 리듬이 조금씩 다른 50여 개의 종류가 있다. 아리랑은 사계절의 변화, 농사짓는 생활 등 일상의 내용과 남녀 간의 사랑·이별 이야기 등이 담겨 있다. 유명한 아리랑은 경기 아리랑, 정선 아리랑, 강원도 아리랑, 밀양 아리랑, 진도 아리랑이다. 일제 강점기 전후로 고향을 떠나 중국, 러시아 등으로 갔던 사람들도 고향을 그리워하는 마음을 담아 아리랑을 불렀다.

아리랑이 한국 사람들에게 어떤 의미가 있어요?

아리랑은 오랫동안 한국의 역사와 함께 해왔으며 한국 사람의 감정이 담겨 있는 노래이다. 그래서 아리랑은 국내에서든 해외에서든 한국 민족을

하나로 묶는 힘을 가지고 있다.

아리랑은 따라 부르기 쉬워서 응원 노래로도 자주 사용된다. 또 대한민국과 조선민주주의인민공화국이 하나의 팀으로 참가하는 국제 스포츠 경기에서 아리랑이 국가로 사용되기도 하였다.

국가
나라를 대표하는 노래

한국 역사와 한국 사람들의 삶을 표현한
소설과 영화

소설 『아리랑』 　　영화 고려아리랑:
천산의 디바(2016)

영화

한국 영화에서는 한국의 사회 문제를 많이 다룬다.

● Tip ◀

최초 한국의 영화는
1919년 김도산 감독의
〈의리적 구토〉이다.

● Tip ◀

2020년 아카데미 시상식
에서 수상한 한국영화 〈기
생충〉도 한국 사회의 불평
등 문제를 다루고 있다.

한국 영화의 특징

100여 년의 역사를 가진 한국 영화는 각종 국제 영화제에서도 좋은 평가를 받을 정도로 세계적으로 인정받고 있다. 지금까지 큰 인기를 끌었던 한국 영화는 역사적 사실을 바탕으로 한 역사 영화, 범죄와 관련된 액션·스릴러 영화, 한국의 전통문화를 바탕으로 한 판타지 영화 등이다. 대부분의 한국 영화들은 한국의 역사와 사회 문제를 다루고 있다는 특징을 보인다.

● 역사 영화

조선시대의 임진왜란을 배경으로 한 〈명량〉 →이순신 , 일제 강점기의 독립운동가들의 활동을 그린 〈암살〉, 1950년 한국전쟁을 배경으로 한 〈국제시장〉과 〈태극기 휘날리며〉 →한국전쟁 , 5·18 광주 민주화 운동의 모습을 보여준 〈택시 운전사〉 →민주화 운동 등의 역사 영화는 한국의 어려웠던 역사적 사실을 통해 현재를 되돌아보게 하는 영화들이다.

명량(2014)

암살(2015)

국제시장(2014)

태극기 휘날리며(2004)

택시 운전사(2017)

● 액션·스릴러 영화

국제 범죄 조직을 잡으려는 경찰들의 이야기인 〈극한직업〉처럼 화려한 액션과 재미있는 이야기로 단순히 스트레스를 풀어주는 영화도 있고, 〈베테랑〉처럼 각종 범죄를 저지르는 재벌의 모습을 통해 한국 사회의 심각한 불평등 문제를 보여주는 영화도 있다. →갑질

극한직업(2019)

베테랑(2015)

● 판타지 영화

최근 들어 한국의 전통 문화를 바탕으로 한 〈신과 함께〉라는 웹툰이 영화로 만들어지면서 큰 인기를 끌었다. →웹툰 이 영화에서는 환생, 염라대왕, 성주신 등 한국의 불교 및 전통 무속과 관련된 이야기가 나온다. →무당·굿 판타지 영화임에도 불구하고 군대 내 폭력과 살인, 재개발로 집에서 쫓겨날 위기에 처한 가난한 사람들의 현실 등 영화 곳곳에서 한국의 사회 문제를 발견할 수 있다.

신과 함께(2017)

환생
죽은 사람이 다시 태어나는 것

염라대왕
죽은 사람의 잘한 일과 나쁜 일을 심판하는 왕

성주신
한국의 무속 신앙에서 집을 다스린다는 신

재개발
발전이 안 된 지역의 집을 없애고 새로 주택을 짓는 일

한국에서 열리는 국제 영화제

한국에서는 다양한 국제영화제가 열린다.

부산 국제영화제 Busan International Film Festival
매년 가을 부산광역시에서 개최된다.
도쿄, 홍콩 국제영화제와 더불어 아시아 최대 규모의 영화제다.

전주 국제영화제 Jeonju International Film Festival
매년 봄 전라북도 전주시에서 개최된다.
주로 대안 영화, 독립 영화, 실험 영화 등을 소개하는 역할을 한다.

서울 국제 여성영화제 Seoul International Women's Film Festival
매년 서울특별시에서 개최된다.
세계 여성영화의 흐름을 소개하는 세계 최대 규모의 국제 여성영화제이다.

전주 국제영화제

웹툰에는 한국 고유의 웹툰 문화가 있다.

한국의 웹툰이 왜 유명해요?

'웹툰'이란 '웹(web)'과 '만화(cartoon)'가 합해져 만들어진 말로 인터넷에서 볼 수 있는 만화를 의미한다. 인터넷으로 보는 만화를 보통 'web comics'라고 부르지만, 웹툰은 'Korean web comics', 'Korean web cartoon', 'Korean webtoon' 등으로 불릴 만큼 한국의 고유한 웹툰 문화를 형성하고 있다.

웹툰은 장르와 그 내용이 다양하다. 기존의 장르가 여러 개 섞인 형식도 있고 새로운 장르도 생겨나고 있다. 또 유명한 만화가가 아니어도 웹툰 작가가 되기를 원하는 사람은 누구나 자신의 작품을 게시할 수 있어서 장르와 내용에 대한 새로운 시도가 계속되고 있다. 다양한 장르와 풍부한 내용 덕분에 웹툰은 독자층이 넓다.

장르
예술 작품을 구분하는 분류 범위. 웹툰의 기존 장르는 로맨스, 드라마, 공포, 액션, 판타지 등이 있다.

작가와 독자가 서로 소통해요.

웹툰은 작가와 독자 그리고 독자끼리 인터넷에서 자유롭게 소통한다. 독자는 작가 또는 다른 독자들에게 댓글로 웹툰에 대한 생각이나 해석을 이야기한다. 다른 독자는 그 댓글에 공감하는지 공감하지 않는지를 표시하기도 하고, 웹툰이 재미있으면 다른 독자들에게 웹툰을 추천하기도 한다.

소통하다
생각과 뜻이 서로 잘 통하다.

작가도 댓글, SNS 등을 통해 독자와 소통한다.

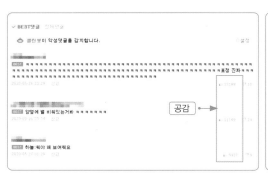

독자의 생각을 적을 수 있는 댓글.
그 댓글에 표시된 다른 독자들의 공감 표시

독자가 다른 독자에게 웹툰을 얼마
나 많이 추천했는지 볼 수 있는 별점

웹툰을 영화나 드라마로 만들어요.

웹툰의 한 칸, 한 칸은 영화나 드라마의 한 장면의 역할을 하며 정지된 그림에 움직이는 시각적 효과를 준다. 그래서 웹툰은 영화나 드라마로 만들어지는 경우가 많다. 영화나 드라마에서는 컴퓨터 그래픽과 배경 음악을 더해 더욱 풍부하고 다양한 연출을 시도한다. 인기 있는 웹툰을 원작으로 하는 영화나 드라마의 제작은 더욱 활발해지고 있다.→영화 →드라마

영화나 드라마로 만들어진 웹툰

| 영화 신과 함께 (2017) | 드라마 미생 (2014) | 드라마 이태원 클라쓰 (2020) | 드라마 스위트홈 (2020) |

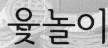

윷놀이

윷놀이는 설에 즐겨 하던 한국 전통의 민속놀이이다

윷놀이는 어떻게 해요?

윷놀이는 어린아이부터 어른까지 모두 함께 즐길 수 있는 한국의 전통 놀이이다. 윷놀이의 준비물은 윷(4개), 윷판, 윷말이다. 두 명 이상 모이면 놀이를 할 수 있고, 참여하는 사람이 많은 경우에는 팀으로 나누어 할 수도 있다.

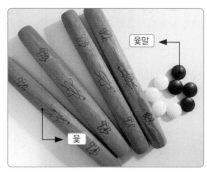

윷과 윷말

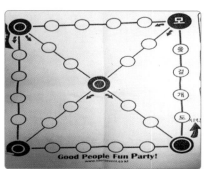

윷판

• 윷놀이의 규칙

- 차례대로 4개의 윷을 한꺼번에 던진다. 윷의 상태에 따라 윷말을 움직이게 된다. 윷말은 한 사람(한 팀)에 4개씩이다.
- 4개의 윷말이 윷판을 한 바퀴 돌아서 다시 출발점으로 모두 돌아오면 이긴다.

뒷면　앞면

이름	상태	설명
도		뒷면이 하나 ➡ '윷말' 한 칸 앞으로
개		뒷면이 둘 ➡ '윷말' 두 칸 앞으로
걸		뒷면이 셋 ➡ '윷말' 세 칸 앞으로
윷		뒷면에 넷 ➡ '윷말' 네 칸 앞으로 ※ 이때는 윷을 다시 한번 던질 수 있다.
모		모두 앞면 ➡ '윷말' 다섯 칸 앞으로 ※ 이때는 윷을 다시 한번 던질 수 있다.
뒷도 (백도)		4개의 뒷면 중 하나에 ●표시를 한다. 뒷면이 하나 (●표시가 된 뒷면) ➡ '윷말' 한 칸 '뒤'로 ▶전통 윷놀이에는 없었으나 현대에 새로 생긴 규칙
낙		윷이 하나라도 던지는 장소 밖으로 나갈 경우 순서가 다음 사람으로 넘어간다.

윷놀이의 의미

- 윷놀이는 새해에 가족, 마을 사람들이 모여 서로의 건강과 행복을 빌면서 함께 했던 놀이이다. 一설

- 도, 개, 걸, 윷, 모는 각각 돼지, 개, 양, 소, 말을 가리키는 것으로 한국의 일상생활에서의 가까이 볼 수 있고 경제적으로도 도움이 되는 동물들이다.

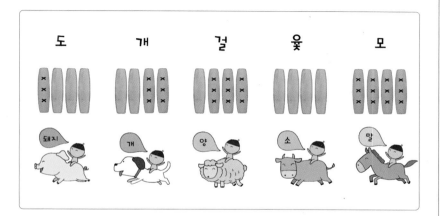

- 현재의 윷판은 사각형이지만 옛날에는 동그란 모양이었다. 동그란 모양은 하늘을 의미하고 그 안에 4개로 나누어진 면은 땅과 4계절을 뜻한다. 윷말이 지나가는 29개의 자리는 별자리를 뜻한다.

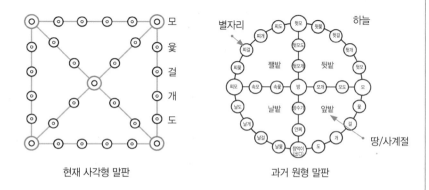

현재 사각형 말판   과거 원형 말판

전통 악기

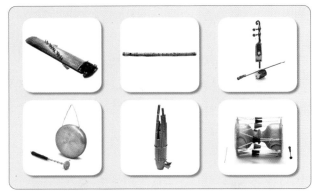

한국 전통 악기는 가야금, 대금, 꽹과리, 장구 등이 있다.

전통 악기의 특징과 종류

서양 악기로 연주하는 음악은 음의 정확성이 중요한 반면, 한국의 전통 악기로 연주하는 음악은 음의 어울림이 중요하다. 박자 또한 곡선처럼 이어지게 연주하는 것이 중요하다.

- 줄을 뜯거나 문질러서 소리를 내는 악기

| 가야금 | 거문고 | 아쟁 | 해금 |

- 입으로 불어 관 안의 공기를 울려 소리를 내는 악기

| 대금 | 생황 | 태평소 | 훈 |

- 손이나 채로 두드리거나 흔들어서 소리를 내는 악기

팽과리

박

징

편경

- 가죽을 울려 소리를 내는 악기

교방고

소고

장구/장고

북

전통 악기를 언제 연주해요?

전통 악기는 궁궐에서 연주하는 음악부터 일반 사람들이 즐겨 연주하는 음악에 이르기까지 한국의 전통 음악을 연주하는 데 사용되었다.

궁궐에서 연주하는 전통 음악 중에 대표적인 것은 '종묘제례악'이다. 종묘제례악은 유네스코에서 지정한 세계무형유산이다. 일반 사람들이 즐겨 연주하는 음악에는 '농악'이라고 불리는 풍물놀이, 판소리 등이 있으며 여기에서도 전통 악기가 사용되었다. 또 굿을 할 때도 전통 악기가 많이 사용되었다. →풍물놀이 →판소리 →무당·굿

종묘제례악

풍물놀이

현재에도 전통 악기는 다양한 연주에 사용되고 있다. 응원할 때도 전통 악기가 사용되는데 특히 큰 소리를 내는 꽹과리와 북은 가장 즐겨 사용되는 전통 악기이다. →응원 문화

응원에 사용되는 꽹과리

탈춤

탈춤은 탈을 쓰고 춤을 추면서 하는 전통 연극이다.

탈춤이 뭐예요?

탈춤은 한국의 전통 가면인 탈을 쓰고 춤을 추면서 하는 전통 연극이다. 탈춤에는 춤뿐만 아니라 노래와 대사도 있다. 가면을 쓰고 하는 춤 공연은 조선시대 이전부터 있었지만, 탈춤이 일반 대중들에게까지 널리 퍼진 것은 조선 후기부터이다. 탈춤의 가장 대표적인 특징은 당시의 지배 계급인 양반들을 놀리면서 비판하는 내용이라는 점이다. →성균관 가난하고 힘없는 사람들을 괴롭히던 양반을 비판하는 탈춤을 보면서 사람들은 마음속에 쌓였던 분노와 스트레스를 풀었다.

탈춤은 주로 많은 사람들이 모여서 다 같이 볼 수 있는 마을 안의 넓은 장소나 시장 같은 곳에서 공연되었다. 탈춤은 시작하기 전에 먼저 마을을 돌아다니면서 풍물놀이를 하며 마을 사람들에게 공연의 시작을 알렸다. →풍물놀이 또 탈춤을 구경하는 사람들도 단순히 탈춤을 보기만 하는 것이 아니라 질문에 대답도 하고, "얼쑤~", "좋다!"등과 같이 소리를 지르는 등 공연에 참여하면서 배우들과 함께 탈춤 공연을 만들어 나갔다.

탈춤

하인
옛날에 양반의 집에서 일을 하던
사람

어떤 탈춤들이 있어요?

• 경상북도 안동의 하회 탈춤

하회 탈춤은 가난한 농민들이 새해를 맞으며 마을 축제에서 했던 탈춤이다. 하회 탈춤은 한국에 남아있는 탈춤 중에서 가장 오래된 것이다. 하회 탈춤에는 양반, 젊은 부인, 할머니, 하인, 스님 등 여러 가지 탈을 쓴 배우들이 등장한다. 하회 탈춤은 양반, 스님 등 지배층을 놀리는 내용을 담고 있다.
하회 탈춤은 국가무형문화재 제69호이다.

• 황해도 지방의 봉산 탈춤

봉산 탈춤은 시장이 열리는 날 시장 고객들을 더 끌어들이려는 목적으로 공연된 탈춤이다. 그래서 봉산 탈춤이 하회 탈춤보다 의상이나 춤이 더 화려하다. 봉산 탈춤에서는 양반들을 코나 입이 비뚤어져 있는 비정상적인 모습으로 표현한다.
봉산 탈춤은 국가무형문화재 제17호이다.

하회 탈춤과 봉산 탈춤 외에도 함경도 지방의 북청사자놀음, 경상남도 지방의 오광대놀이, 서울 송파 지역의 산대놀이 등이 유명하다.

북청사자 놀음

오광대놀이

탈춤에 쓰는 탈

• 하회탈

하회 탈춤에서 사용되는 나무로 만든 탈, 총 12가지 종류의 탈이 있다.

양반탈

각시탈

• 봉산탈

봉산 탈춤에서 사용되는 종이로 만든 탈, 총 26가지 종류의 탈이 있다.

맏(첫째)양반탈

취발이(술 취한 중)탈

말뚝이(하인)탈

할미(할머니)탈

한국 탈춤이 보고 싶으면?

안동 국제 탈춤 페스티벌

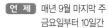

| 언 제 | 매년 9월 마지막 주 금요일부터 10일간 |
| 어디서 | 경상북도 안동시 |

태권도

태권도는 한국의 전통 무술을 바탕으로 만든 국제 운동 경기이다.

태권도는 어떤 운동이에요?

방어
상대편의 공격을 막음

태권도는 아무것도 사용하지 않고 손과 발을 이용해 공격하고 **방어**하는 스포츠이다. 빠르고 강한 발차기 기술이 특징이다.

태권도의 기술로는 막기·지르기 그리고 발을 이용한 차기 기술 등이 있다. 태권도에는 품새(기본 기술)가 있다. 한국의 태권도장에서는 품새를 배우고 시험에 통과할 때마다 도복 위에 매는 '띠'를 단계별로 받을 수 있다. 띠의 색깔은 처음에 흰색으로 시작하여 검은색까지 있다. 품새를 모두 배우고 **국기원**에 가서 시험을 통과하면 1품을 받을 수 있다.

1품을 받은 후에는 2품, 3품으로 올라갈 수 있다.

■ 국기원
세계 태권도 본부

국기원
세계태권도본부

막기

지르기

차기

급수	띠구분	띠색
10급		흰띠
9급		줄무늬띠
8급		노란띠
7급		초록띠
6급		보라띠
5급		남색띠
4급		밤띠
3급		주황띠
2급		빨강띠
1급		빨강띠
1품		품띠
2품이상		검정띠

도복과 띠

태권도 경기장은 매트로 된 8m의 정사각형이다. 경기 시간은 3분씩 3회이며 휴식시간은 각 회마다 1분이다. 안전을 위해서 경기 중에는 태권도 도복 위에 보호대를 입는다.

보호대를 착용한 모습

태권도에서 가장 중요한 건 뭐예요?

태권도는 건강한 몸과 올바른 정신을 가장 중요하게 생각한다. 태권도의 가장 중요한 정신은 상대방을 존중하고 평화를 사랑하는 것이다. 그래서 태권도는 공격보다 공격을 막는 방어 기술을 더 중요하게 생각한다. 또 태권도에서 자신감과 예의 바른 태도가 매우 중요하다. 이것이 바로 태권도가 다른 스포츠와 다른 점이다.

예의 바른 태도

태권도는 언제부터 시작되었어요?

태권도는 삼국시대부터 있었던 한국 고유의 전통 무술 '택견'을 발전시켜서 현대에 새롭게 만든 운동 경기이다. 고려시대에도 택견은 계속되었으며 고려 후기부터는 무예보다는 운동 경기로 더 많이 즐겼다. 조선시대의 그림에도 택견이 등장하는 것을 보면 여전히 많은 사람들이 즐기는 운동 경기였다는 것을 알 수 있다.

전통 무예였던 택견에서 발전된 태권도는 우수성과 가치를 인정받아 한국을 대표하는 스포츠가 되었다. 이후 1988년 서울 올림픽에서 시범 종목으로 채택되었고, 2000년 시드니 올림픽부터 정식 종목으로 채택되었다.

무예
무술 + 예술

고구려 무용총 벽화에서 볼 수 있는 택견   조선시대 풍속화에서 볼 수 있는 택견

무용총각저도

대쾌도

택견

택견은 한국의 전통의 민속놀이이자 무술이다. 리듬이 중요해서 음악적, 무용적인 예술성 짙은 무예이다. 독특한 리듬과 함께 다리걸기, 발차기, 던지기 등으로 공격한다. 대한민국의 국가무형문화재 제76호로 등록되어 있다. 2011년 택견은 세계 무술 가운데 최초로 유네스코 인류무형문화유산으로 등재되었다.

태권도 경기   태권도 시범단

판소리

소리꾼

고수

판소리는 북소리에 맞춰 노래하거나 이야기를 전하는
한국 전통의 공연 예술이다.

판소리는 어떤 공연이에요?

판소리에는 노래를 부르는 소리꾼과 북을 치는 고수가 있다. 판소리는 고
수의 북소리에 맞춰 소리꾼이 말이나 노래로 이야기를 전하는 공연이다.
판소리는 어떤 일이 벌어지는 장소라는 뜻의 '판'과 노래를 뜻하는 '소리'
가 합쳐진 말이다. 하지만 소리꾼은 단순히 노래만 하는 것이 아니라 창
(노래), 아니리(말), 발림(몸짓과 표정)과 같이 다양한 표현 방법을 통해 재미난
이야기를 들려준다. 고수도 북만 치는 것이 아니라 소리꾼의 소리에 맞춰
"얼씨구", "좋지", "잘 한다", "그렇지" 등과 같은 짧은 대답을 한다. 이
것을 추임새라고 한다.

판소리의 특징

판소리는 조선시대에 만들어진 공연 예술이다. 판소리는 새로운 세상에
대한 희망을 표현하기도 하며 사회에 대한 비판적인 내용도 담고 있다.
또 판소리의 이야기 속에는 인간의 다양한 감정도 들어있다.
무엇보다도 판소리는 한국인의 감정을 가장 잘 보여주는 한국어를 사용
하여 이어져 내려왔다는 점이 중요한 특징이다. 판소리를 들어보면 옛날

▮판
여러 사람이 모여 어떤 일이 벌
어지는 장소
굿판(굿이 벌어지는 장소), 씨름
판(씨름 경기가 벌어지는 장소),
술판(여러 사람이 술을 마시는
자리) 등이 있다.

저급하다
내용, 품질 등의 정도가
낮다.

에 쓰이던 한국어, 지방의 사투리, 그리고 비속어(욕이나 저급한 표현)까지 사용되는 것을 알 수 있다. 이러한 역사적 가치가 인정되어 판소리는 1964년에 중요무형문화재 제5호로 지정되었다. 그리고 고수의 북을 치는 방법(고법)도 1978년에 중요무형문화재 제59호로 지정되었다.

대표적인 판소리의 이야기가 궁금해요.

원래 판소리는 열두 가지 이야기가 있었다고 한다. 그런데 지금은 그중 다섯 가지 이야기만 전해진다. 이것을 판소리 다섯 마당이라고 부른다. 판소리 다섯 마당에는 〈춘향가〉, 〈심청가〉, 〈흥부가〉, 〈적벽가〉, 〈수궁가〉가 있다.

판소리 춘향가 중
사랑가(사랑 노래)

• 춘향가
조선시대의 소설 〈춘향전〉을 바탕으로 하고 있다. 여자 주인공 춘향이와 남자 주인공 이몽룡의 신분을 뛰어 넘은 사랑 이야기이다. 비록 춘향이는 신분은 낮지만 죽음을 무릅쓰고 이몽룡에 대한 사랑을 지킨다는 내용이다.

판소리 심청가 중
심청이 아버지가
눈뜨는 장면

• 심청가
부모에 대한 효를 강조하는 이야기이다. 효녀 심청이는 바다에 제사를 지낼 때 자기의 몸을 신께 바치면 눈이 보이지 않는 아버지가 볼 수 있게 된다는 말에 바다에 뛰어든다. 그러나 심청이는 다행히 용왕(바다 속의 왕)의 도움으로 다시 살아나고 심청이의 아버지는 앞을 볼 수 있게 된다. 효

제비

판소리 흥부가 중
박을 자르는 장면

• 흥부가
마음씨는 착하지만 가난한 흥부는 어느 날 제비의 부러진 다리를 고쳐주고 부자가 된다. 하지만 흥부의 형 놀부는 욕심이 아주 많고 못된 사람이었다. 그래서 놀부는 제비의 다리를 일부러 부러뜨렸다가 고쳐주고 더 부자가 되려고 하였지만 결국 모든 것을 다 빼앗기고 만다.

• 적벽가

다른 판소리와는 다르게 중국 소설인 『삼국지연의(三國志演義)』의 내용을 바탕으로 하고 있다. 중국 삼국시대에 일어났던 전쟁인 적벽대전에서 관우가 조조를 잡았다가 다시 놓아주는 내용이다. 이 이야기는 충(忠)과 의(義)라는 유교적 가르침을 담고 있어서 양반층의 사랑을 많이 받았다.

판소리 적벽가 중
적벽대전 장면

충(忠)
왕이나 국가에 충성하는 마음
의(義)
사람과의 관계에서 지켜야 할
바른 도리

• 수궁가

설화〈구토지설〉(거북이와 토끼의 이야기)의 내용을 바탕으로 만들어진 판소리이다. 토끼의 간을 먹으면 용왕의 병이 낫는다는 말에 자라는 땅으로 올라온다. 그러나 똑똑한 토끼는 자라를 속여 자기의 목숨을 지킨다는 이야기이다.

설화
각 민족 사이에 전해 내려오는
신화나 전설

자라

판소리 수궁가 중
자라가 토끼 만나는 장면

판소리를 바탕으로 만든 창극

창극은 판소리를 바탕으로 만든 음악극이다. 판소리가 소리꾼과 고수 두 사람이 펼치는 공연이라면, 창극은 이야기 속의 주인공들을 여러 소리꾼들이 나누어 맡아서 하는 공연이다. 1900년대 초부터 판소리는 대중의 요구에 맞춰 창극으로 변화해왔다. 현재 한국에서는 국립 창극단이 국립극장에서 창극을 공연하고 해외에도 창극을 전하는 일을 하고 있다. →공연 예술

음악극
음악을 포함한 연극

창극 춘향전의 공연 모습

판소리 영화

서편제(1993)

풍물놀이

풍물놀이는 전통 악기를 가지고 신명 나게 노는 한국의 문화이다.

풍물놀이가 뭐예요?

긴 끈이 달린 모자를 쓰고 춤을 추는 모습

풍물놀이는 한국의 전통 악기인 징, 꽹과리, 북, 장구, 태평소, 소고 등을 가지고 연주하면서 춤을 추는 놀이이다. '풍물굿'이나 '농악'이라고도 불린다. →전통 악기

→무당굿

풍물놀이는 옛날부터 하늘에 제사를 지내던 행사에서부터 시작되었다. 새해에 풍물놀이를 하면서 새해 인사를 하고 복을 빌었다. 또 농사를 시작할 때나 곡식을 수확할 때도 풍물놀이를 하며 사람들의 마음과 힘을 하나로 모았다.

풍물놀이에 사용된 전통 악기

풍물놀이에서는 악기를 연주하면서 큰 동작으로 춤을 춘다. 또 긴 끈이 달린 모자를 쓰고 머리를 흔들며 춤을 추기도 한다. 이렇게 풍물놀이에서는 한국의 전통 음악과 춤을 통해 사람들의 신명을 이끌어낸다. →신명

사물놀이

사물놀이는 풍물놀이를 무대 공연을 위해 1970년대에 새롭게 만든 것이다. 사물놀이는 징, 꽹과리, 북, 장구 네 개의 악기만 사용하여 실내에서 공연한다.

사물놀이에 사용된 전통 악기

사물놀이 공연

현대 대중음악 속의 풍물놀이(사물놀이)

한류는 한국의 대중문화가 외국에서 큰 인기를 끄는 것을 말한다.

언제부터 한류가 시작되었어요?

1990년대 후반부터 중국에서 H.O.T 같은 한국의 젊은 댄스 가수들이 큰 인기를 얻기 시작했다. 또 비슷한 시기에 일본에서도 〈겨울 연가〉 같은 한국 드라마가 알려지면서 한국의 배우들이 인기를 끌었다. 이렇게 한국의 대중문화가 아시아 국가에서 큰 인기를 끌면서 1999년부터는 '한류'라는 단어를 써서 한국 대중문화의 인기를 표현하기 시작했다.

중국에서 한류를 일으킨 H.O.T.

일본에서 큰 인기를 끈 드라마 〈겨울 연가〉

왜 외국인들이 한국의 대중문화를 좋아해요?

한국 대중문화의 인기는 드라마에서부터 시작되었다. 한국 드라마가 중국·일본·동남아시아 등과 같은 아시아 지역에서 먼저 인기를 끌게 된 까닭은 아시아 사람들이 한국과 비슷한 문화를

BTS(방탄소년단)

■ 강남스타일 →한류
재미있는 춤과 재미있는 리듬으로 k-pop을 알렸다.

가지고 있었기 때문이다. 이들은 한국 드라마에 나오는 가족 간의 모습이나 개인의 사회적 책임감 등 자신들의 문화와 비슷한 부분에 깊이 공감할 수 있었기 때문에 한국 드라마를 즐겨 봤다. →드라마

드라마와는 달리 한국 음악(K-POP)의 인기는 아시아를 넘어 전 세계로 퍼져나갔다. K-POP은 자꾸 생각나는 노래 가사와 리듬, 멋진 춤, 그리고 매력적인 가수의 외모까지 더해져서 세계적인 인기를 얻을 수 있었다. 댄스 가수 BoA는 2002년 한국 가수 최초로 일본 오리콘 차트(オリコンチャート: 일본의 음악 순위) 1위에 오를 정도로 인기를 끌었다. 또 2012년에는 싸이의 노래 〈강남스타일〉이 아시아를 넘어 미국, 유럽 등 전 세계적으로 인기를 끌기 시작했다. 〈강남스타일〉은 2014년에 유튜브(Youtube) 최초로 조회 수 20억을 넘는 기록까지 세웠다. 그 이후로도 BTS(방탄소년단)와 같은 한국의 그룹형(여러 명이 함께 하는 것) 가수의 노래가 전 세계적인 인기를 끌고 있다.

팬덤 문화

'팬덤(fandom)'이란 유명한 연예인이나 스포츠 스타를 매우 좋아하는 사람들을 뜻하는 말이다. 팬덤은 단순히 스타를 좋아하는 것에서 끝나지 않는다. 이들은 팬클럽을 만들어서 자기가 좋아하는 스타의 이름으로 기부를 하기고 하고, 스타의 생일을 축하하는 메시지를 공공장소에 광고하기도 한다. 또 '굿즈(goods)'라고 불리는 스타와 관련된 상품을 사고팔기

BTS 굿즈

가수 아이유의 팬클럽이
어린이를 돕는 단체에 기부
한 것을 증명하는 문서

도 하면서 대중문화와 연결된 경제에 영향을 주기도 한다. 팬덤은 이렇게
사회·경제적인 의미를 가지며 점차 문화적인 중요성을 더해가고 있다.

K-Beauty와 K-Food

한국 드라마와 가요의 인기는 다른 분야의 한
국 문화에 대한 인기로 이어졌다. 그중에서도
한국 화장품은 가격이 비싸지 않으면서도 품
질이 좋아서 세계 여러 나라의 사람들에게 많
은 인기를 얻게 되었다. 한국의 배우들이나
K-POP 가수들의 화장법을 따라 하기 위해서
해외의 한류 팬 뿐만 아니라 한류를 잘 모르
는 사람들까지도 한국 화장품을 좋아하고 많
이 사게 되었다. 여기에 SNS를 통해 한국 화
장품과 화장법이 소개되면서 그 인기가 더욱
높아졌다.

또 한국 음식에 대한 관심도 높아졌다. 이는
드라마나 영화를 통해 한국의 음식 문화를

불고기

빙수

라면

볼 수 있었을 뿐만 아니라 한국 정부도 외국에 한국 음식을 알리려는 노
력을 많이 했기 때문이다. 그래서 예전부터 알려졌던 한국 음식인 비빔
밥이나 불고기, 김치뿐만 아니라 이제는 떡볶이, 라면, 치킨, 빙수 등 다
양한 한국 음식이 여러 나라에서 인기를 끌고 있다. →비빔밥 →김치 →분식

한지

한지는 닥나무를 재료로 하여 만든 한국의 전통 종이이다.

한지는 한국의 종이예요?

한지는 닥나무 껍질을 재료로 하여 전통 방식으로 만든 한국의 전통 종이이다. 한반도에 살았던 사람들은 삼국시대부터 닥나무 껍질을 이용하여 질 좋은 종이를 만들었다. 한반도에서 자라는 닥나무로 만든 종이는 다른 종이에 비해 잘 찢어지지 않고 부드러울 뿐만 아니라 글씨가 깔끔하게 써지는 등 장점이 아주 많다.

닥나무

닥나무 껍질

한지 만드는 과정

① 닥나무 채취하기　② 닥나무 껍질 벗기기　③ 닥나무 껍질 삶기　④ 닥나무 껍질 씻기

⑤ 닥나무 껍질 두드리기　⑥ 닥나무 껍질 풀기　⑦ 한지뜨기　⑧ 한지 말리기

한지는 어디에 사용해요?

한지는 책을 만들거나 서예를 하는 데 가장 많이 쓰인다. 특히 삼국시대에 불교가 전해진 후 불경을 만들기 위해 종이가 많이 사용되었다. 세계에서 가장 오래된 인쇄물인 《무구정광대다라니경》도 한지에 인쇄된 것으로서 1300여 년이 지난 현재까지도 잘 보존되어 있다. 또 고려시대에 만들어진 《팔만대장경》도 한지에 인쇄되어 850년이 넘은 지금까지 잘 보존되고 있다. →팔만대장경 그만큼 한지는 습기에 강하고 잘 찢어지지 않아서 오랜 시간 동안 좋은 상태로 보존된다는 장점을 가지고 있다. 서예를 할 때도 잘 찢어지지 않고 먹이 잘 흡수되는 한지를 쓴다. →서예

한지는 공기가 잘 통하고 습기에 강할 뿐만 아니라 보온 효과도 뛰어나서 한국의 전통 집인 한옥의 바닥과 벽에 사용된다. 그리고 한옥의 창문이나 문에도 사용되는데 이때 사용되는 한지를 '창호지'라고 부른다. 창호지 덕분에 한옥은 햇빛이 방 안으로 잘 들어오고 공기도 잘 통한다.

한지가 사용된 한옥

창호지를 통해 빛이 들어오는 방

한지는 부드럽고 무늬가 아름다워서 공예품에 이용되기도 한다. 아름다운 색상과 무늬 덕분에 예쁘고 실용적인 물건들을 많이 만들 수 있다.

공예품
실용적이면서 예술적 가치가 있게 만든 물건

한지로 만든 조명

한지로 만든 공예품

화병

화병은 억울하고 분한 감정이 오랫동안 해결되지 않아 생기는 병이다.

분한 감정
억울한 일을 당해서
화가 나는 감정

화병이 뭐예요?

화병은 스트레스와는 달리 억울하고 분한 감정을 만드는 상황이 반복적으로 일어나지만 자신이 그 상황을 해결할 수도, 통제할 수도 없다고 느낄 때 생긴다. 화병의 분노 감정은 오랫동안 억지로 참아와서 쌓이고 쌓인 감정이다. 이러한 나쁜 감정들이 오랫동안 해결되지 못하고 남아 있으면 정신적·신체적으로 증상이 나타나는데 이를 화병이라고 부른다.

화병은 왜 생겨요?

한국은 옛날부터 유교 중심의 사회였기 때문에 아랫사람은 윗사람의 눈치를 보고 윗사람은 자신의 체면 때문에 자신의 생각과 감정을 다른 사람에게 자유롭게 표현하기 어려웠다. →체면·눈치 또 한국 사회는 전통적으로 남성 중심 문화였기 때문에 특히 결혼한 여성은 남편과 남편의 가족들에게 자신의 생각이나 감정을 자유롭고 솔직하게 표현할 수 없었다. →가족 화병은 이러한 한국의 특별한 문화 속에서 생겨났다. 그래서 현대 의학에서도 화병을 한국문화 관련 질병(DSM-IV: Wha-byung)으로 분류하고 있다. [화뼝]이라고 발음한다.

명절증후군

명절증후군은 명절 때 받는 스트레스 때문에 생긴 정신적 · 신체적 증상을 말한다. 설, 추석과 같은 큰 명절에 한국인들은 차례를 지낸다. →설 →추석 →제사 차례와 같은 제사는 보통 남편 집안의 조상을 위해 지낸다. 그런데 이러한 차례를 준비하는 과정에서 아내만 힘든 집안일을 하는 것이 문제가 되면서 '명절증후군'이라는 단어가 생겨났다.

명절증후군

참고문헌

Ⅰ. 한국문화 이해 시작하기

날씨
기상청 www.weather.go.kr
물정보포털 www.water.or.kr

인구
통계청 www.kostat.go.kr

화폐
화폐박물관 www.museum.komsco.com

정치제도
정부청사관리본부 www.gbmo.go.kr
대한민국 국회 www.assembly.go.kr
대법원-대한민국법원 www.scourt.go.kr

공공기관
한국국제교류재단 KF www.kf.or.kr
한국관광공사 kto.visitkorea.or.kr
출입국 · 외국인정책본부 www.immigration.go.kr

Ⅱ. 한국 전통 사회와 문화

궁궐
경복궁 www.royalpalace.go.kr
창덕궁 www.cdg.go.kr
창경궁 cgg.cha.go.kr
덕수궁 www.deoksugung.go.k

고인돌
고창 고인돌박물관
김초록(2002) 한국의 세계문화유산 : 인류 최초의 문화
유산 "고인돌", 대한지방행정공제회

동대문·남대문
서울역사박물관 museum.seoul.go.kr

Ⅲ. 한국 현대 사회와 문화

군대
병무청 www.mma.go.kr

대통령
청와대 www.president.go.kr
대통령 기록관 www.pa.go.kr

독도
외교부 www.mofa.go.kr

등산
한국관광공사 둘레길 www.durunubi.kr
서울둘레길 gil.seoul.go.kr

제주도
사단법인 제주올레 www.jejuolle.org
제주여행정보 www.visitjeju.net

종교
템플스테이 www.visitseoul.net
종교인 비율 조사 : 통계청(https://kostat.go.kr)

촛불집회
수상 관련 기사: 시사저널 www.sisajournal.com

판문점
DMZ www.dmz.gg.go.kr

학교
다문화교육포털 www.nime.or.kr

한국전쟁
전쟁기념관 www.warmemo.or.kr

회식
신문기사: 서울경제 www.sedaily.com

Ⅳ. 한국인의 일상과 의례

속담

〈4회~ 9회 이상 출제된 속담〉
방원주(2014) 중국인 학습자를 위한 한국어 속담연구, 충남대학교 석사학위논문, TOPIK 1~30회 참고
김민정(2016) 속담을 활용한 한국어 교육방안, 공주대학교 석사학위논문, TOPIK 28~41회 참고

인구 온돌

〈구당서의 온돌 기록 출처〉
김준봉, 정상규. (2008). 문헌에 의해 분석된 한국 전통 온돌(구들)의 역사와 특성. 한국생태환경건축학회 논문집, 8(6).
국가문화유산포탈(문화재청) www.heritage.go.kr

인구 자장면

자장면박물관: 문화재청 cha.go.kr

인구 집

남산골한옥마을 www.hanokmaeul.or.kr
전주한옥마을 tour.jeonju.go.kr

Ⅴ. 한국의 예술과 대중문화

공연예술

국립국악원 www.gugak.go.kr
서울돈화문국악당 www.sdtt.or.kr
국립극장 www.ntok.go.kr
예술의 전당 www.sac.or.kr
세종문화회관 www.sejongpac.or.kr
난타 언어별 홈페이지 www.nanta.co.kr:452

길거리공연

서울 길거리 공연안내 www.seoulbusking.com

미술관

국립중앙박물관 www.museum.go.kr

국립현대미술관 www.mmca.go.kr
간송미술관 www.kansong.org

민화

조선 민화박물관 www.minhwa.co.kr

박물관

국립중앙박물관 e뮤지엄 www.emuseum.go.kr
국립한글박물관 누리한글놀이터 www.hangeul.go.kr
전쟁기념관 www.warmemo.or.kr
한성백제박물관 baekjemuseum.seoul.go.kr
강원도DMZ박물관 www.dmzmuseum.com

영화

부산국제영화제 www.biff.kr
전주국제영화제 www.jiff.or.kr
서울 국제 여성영화제 www.siwff.or.kr

웹툰

최기숙(2019), Daum 웹툰 〈바리공주〉를 통해 본 고전 기반 웹툰 콘텐츠의 다층적 대화 양상—서사구조와 댓글 분석을 중심으로, 대중서사연구 25(3), 대중서사학회
윤수현(2019), 웹툰의 재미 요소에 관한 학습자 반응 연구, 서울교육대학교 교육전문대학원 석사학위논문
네이버 웹툰
다음 웹툰

전통악기

한국의 악기 곡선을 그리는 음악(위대한 문화유산, 최준식)
국립국악원

탈춤

안동 국제 탈춤 페스티벌 www.maskdance.com
국립무형유산원 디지털 아카이브

판소리

국립창극단 www.ntok.go.k

화병

명절증후군: kbs 뉴스 news.kbs.co.kr

사진출처

Ⅰ. 한국문화 이해 시작하기

한반도
한반도: 국토지리정보원

자연환경
대한민국 지도: 국토지리정보원

역사
토기: 국립중앙박물관
고종: 국립중앙박물관

Ⅱ. 한국 전통 사회와 문화

막걸리
신윤복 풍속화: 간송미술관

무당·굿
굿하는 모습: 공공누리

서당
김홍도 〈서당〉: 국립중앙박물관

전통 의례
상복: 제주민속자연사박물관

팔만대장경
금속활자, 직지심체요절: 강화역사박물관

한복
삼국시대: 국립중앙박물관
조선시대: 간송미술관
현대개량한복: nostalgia7777

Ⅲ. 한국 현대 사회와 문화

민주화 운동
4.19혁명: 4.19혁명기념도서관
5.18광주 민주화 운동: 민주화운동기념사업회
6월 항쟁: 경향신문

먹방
먹방을 하는 모습: 먹방 유튜버 햄지

종교
템플스테이: 한국관광공사

판문점
2018년 남북 대표자들의 만남: 한국일보

학교
야간 자율학습을 하는 고등학생: 연합뉴스

학원
메인사진: 맥스유어학원
미술학원: 비비드 미술학원

한강
봄꽃 축제: 한국관광공사

Ⅳ. 한국인의 일상과 의례

비빔밥
진주비빔밥: 연합뉴스

삼계탕
복날: 연합뉴스

장례식
수목장: 연합뉴스

V. 한국의 예술과 대중문화

공연 예술
전통 공연 예술: 국립국악원
대학로의 소극장: 연합뉴스

도자기
고려청자, 백자: 국립중앙박물관

민화
민화: 국립중앙박물관

박물관
국립중앙박물관

방 문화
찜질복: 조선일보
PC방: 아이센스리그 PC방

서예
한글서예: 서예가 정현정
추사체: 국립중앙박물관

신명
야구 경기 응원: 연합뉴스

씨름
메인사진: 대한씨름협회
고구려의 벽화: 국립중앙박물관
김홍도〈씨름〉: 국립중앙박물관

전통악기
악기사진: 국립국악원
응원에 사용되는 꽹과리: 연합뉴스

탈춤
북청사자 놀음: 북청사자놀음보존회
봉산탈: 봉산탈춤보존회

태권도
태권도 품새: 충효 태권도 합기도
보호대: World Champion Master Lee Taekwondo
무용총각저도: 국립중앙박물관
대쾌도: 국립중앙박물관
택견: 연합뉴스

판소리
메인사진: 국립국악원
창극 춘향전의 공연 모습:국립국악원

풍물놀이
전통악기 사진: 국립국악원
사물놀이 공연: 국립국악원
현대 대중음악 속의 풍물놀이: 연합뉴스

한류
중국에서 한류를 일으킨 HOT: 한국일보
BTS: 연합뉴스

한지
닥나무: 한국민족문화대백과사전
닥나무 껍질: 연합뉴스

INDEX

명칭	페이지	명칭	페이지	명칭	페이지
번호		가족	36, 77, 89, 120, 230	고운정	212
		가족 경영	120	고인돌	38
1년 평균	16	가족 소유	120	고조선	32, 43
3 · 1절	31	가족주의 문화	89	고추장	174, 180, 182
4.19 혁명	105	가족 호칭	218, 219	공감	261
5.18 광주 민주화 운동	106	가톨릭	128	공동경비구역(JSA)	139
6.25	139	간송미술관	233	공동체	117
6월 항쟁	107	간식	170	공립박물관	239
38선	139	갈치조림	49	공산주의	34
100일 기도	113	강강술래	216	공연	269
110	30	강남	25, 94	공화국	26
119	29	강남 · 강북	147	공휴일	187
120	29, 30	강남구	95	관	65
		강남 대치동	146	관광	73
B		강남스타일	94	관광지	125
		강북	25, 94	관례	75
BTS	280	강원도 아리랑	256	광대	225
		강원도DMZ박물관	239	광대들	225
H		개신교	128	광대패	225
		개인주의	132	광복	34
HOT	280	개천절	31, 44	광복절	31
		개항	33	광역시	24
K		개혁	67	광장시장	72
		갯벌	14	광화문	40
K-beauty	280	거문고	266	교방고	267
K-drama	230	거북선	65	교복	143
K-food	280	건강 음식	185	교육열	113
K-pop	280	겨울연가	280	구들장	197
		결혼	156	국기원	272
P		결혼식	76, 116, 156	국립국악원	222
		경기도	228	국립극장	222
PC방	242	경복궁	40, 84	국립박물관	239
		경제개발계획	120	국립중앙박물관	233
S		경찰서	27	국립현대미술관	233
		고구려	33, 199	국방	67
SNS	131	고등학교	143	국화	207
		고려	33, 81	국회	26
ㄱ		고려시대 청자	240	굴뚝	199
		고려인삼	70	굿	55, 80, 124, 252
가구박물관	240	고려청자	233	궁궐	95
가부장	36	고름	85	궁합	51, 122
가야금	266	고수	275	권위주의	134

명칭	페이지	명칭	페이지	명칭	페이지
귀신	45	내장산	104	도깨비 감투	46
금강	14	노래방	152, 244	도깨비 방망이	45
금동미륵보살반가사유상	129	노리개	86	도복	272
금속활자	81	녹두	170	도산서원	68
기독교	129	농악	278	도시락	73
기와	215	높임말	163, 164	도자기	228, 233
기와집	213	눈치	134, 152	독도	101
기후	185			독자	261
긴급	29	**ㄷ**		독재	106, 137
길거리 공연	222			돌	163, 170, 172
길거리음식	180	다문화 가족	37	돌담	126
길거리 응원	119	다문화교육	143	돌떡	172
김금화	54	단군	32, 44	돌잔치	172
김밥	180	단무지	206	돌잡이	173
김장	159	단심가	250	돌하르방	126
김정희	248	단풍	17, 104	동갑	51, 163
김치 국수	159	단풍놀이	104	동대문	48
김치냉장고	159	대가족	36	동대문 · 남대문	95
김치담그다	159	대금	266	동대문 시장	49, 72
김치만두	159	대기업	120	동의보감	88
김치박물관	159	대님	85	된장	174
김치볶음밥	159	대동강	14	된장찌개	174
김치전	159	대중문화	280	둘레길	104
김치찌개	159	대중예술	236	뒤풀이	110, 189
깍두기	159	대청마루	214	드라마	230, 280
꽃신	86	대통령	26, 105, 137	등산	17, 103
꽃축제	17	대통령 기록관	100	떡	80, 172, 180, 216
꽹과리	267	대통령 직선제	98	떡국	187
꿀떡	170	대학	113	떡박물관	239
		대학교	143, 252	떡볶이	170, 174, 180
ㄴ		대학로	222, 225	뜸	88
		대학수학능력시험	113	띠	50, 272
나이	51, 162	대학원	143	띠동갑	51, 163
낙동강	14	대한민국	34		
난방	199	대한민국역사박물관	239	**ㄹ**	
난중일기	66	대한제국	42		
난타	222	대한해협	12	라면	180
남대문	48	댓글	262	러일전쟁	13
남대문 시장	49, 72	덕수궁	42	례	75
남북회담	139	덤	166, 212		
남해	14	도	24	**ㅁ**	
남한	150	도깨비	45		

INDEX

명칭	페이지	명칭	페이지	명칭	페이지
마늘	44	박사	143	분단	150
마당	215	박수 무당	54	분단 국가	150
마트	166	반도	12	분식	170, 180, 206, 280
막걸리	52	발레	222	분식집	180
막장드라마	230	발림	275	불경	81
만 나이	162	발해	33	불교	81, 128, 236
만화	261	발효	159, 174	불륜	230
말복	185	밥	108	붉은 악마	119
맥주	119, 152, 189	방문 예절	178	붓	247
먹	247	방 문화	242	붓글씨	247
먹방	110	방어	272	비녀	86
메시지	132	방언	22	비디오아트	233
메주	174, 199	배달	206	비무장지대(DMZ)	139
명량	66	배달 문화	111	비빔밥	174
명절	187, 216	배달문화	148	빨리빨리 문화	111
몽골	81	배달 오토바이	111		
무당	55, 124	배달 음식	119		
무덤	83	배산임수	84		
무속	236	배추김치	159		ㅅ	
무속신앙	129	백두산	14		
무예	272	백록담	126	사계절	16
무지개떡	170	백설기	170	사대문	48, 95
문방사우	247	백의민족	86	사랑방	236, 242
물시계	62	백자	228	사립박물관	239
뮤지엄김치관	239	백제	33	사물놀이	222, 278
뮤지컬	222	버스킹	225	사주	122
미술 학원	145	법원	26	사주카페	123
미신	84, 123	벚꽃축제	17	사투리	22
미운정	212	벼루	247	산삼	71
민원	29	벽계수야	250	삼겹살	152, 189
민주공화국	26	별점	262	삼계탕	185
민주주의	26	병풍	236	삼수	113
민주화 운동	107, 136	보아	280	삼일장	73
민화	233, 236	보약	88	상감 기법	228
밀가루	180	복날	185	상견례	157
밀양 아리랑	256	복주머니	86	상례	75, 89
		봄꽃 축제	148	상주	207
	ㅂ		봉산탈	270	샅바	254
		부대찌개	174	새배	187
바둑판	39	부의금	207	새뱃돈	187
박	267	북촌 한옥마을	95	새벽 배송	111
박근혜	137	북한	150	색동	86
				색동저고리	86
				생황	266

명칭	페이지	명칭	페이지	명칭	페이지
서당	68	수예	233	어린이미술관	233
서비스	167	수의	207	어묵	180
서양화	233	수저	194	언어	61
서예	233, 247	수험생	113	여름철	185
서울	25, 48, 73, 94	순대	180	여성 예술가	64
서울 돈화문 국악당	222	숟가락과 젓가락	194	역사	32
서원	68	술	152, 189	역술원	123
서편제	275	숭례문	48	역점	123
서학	129	스트레스	152	연극	222, 269
석가탄신일	31	시청률	230	엿	113
석굴암	129	시험 합격	124	영토분쟁	102
석사	143	식구	109	예술의 전당	222
선거일	31	식당	167	예의	236, 272
선사시대	38	식사	152	오이소박이	159
설	187, 216	식사 예절	194	오일장	73
설날	31, 170, 187	신라	33	오죽헌	63
설악산	14, 104	신라시대금관	240	오징어볶음	174
성균관	56, 68	신명	118, 278	오천 원	67
성리학	67, 68	신발장	178	온대 기후	16
성묘	216	신사임당	67	온돌	174, 178, 197, 213, 242,
성인식	75	신점	123		244, 245, 281, 282
성탄절	31	심청가	275	온돌 문화	242
세계도자비엔날레	228	싸이	280	올레길	126
세계최초	82	쑥	44	올림픽 종목	272
세종대왕	21, 61	씨름	254	왕의 남자	225
세종대왕 동상	62	씨름도	254	외국인	30
세종대왕상	62			우리	116, 132
세종문학회관	222	ㅇ		우리 문화	110, 134, 152, 159,
소	254				182, 212, 230, 252
소고	267	아궁이	197, 213	울릉도	101
소리꾼	275	아니리	275	웅녀	44
소맥	189	아리랑	256	원불교	129
소방서	27	아쟁	266	월드컵	119
소주	152, 189	안주	166, 189	웨딩홀	157
소통하다	261	알코올도수	189	유교	36, 75, 78, 89, 129, 236
속리산	104	압록강	14	유네스코 세계 기록 유산	21
송편	216	야간자율학습	143	유람선	148
솥	109	야구	252	육이오	150
수궁가	275	야구장	119	육회	182
수능	113, 143, 146, 170, 185	양력	187	율곡 이이	63
수묵화	233	양반	80, 269	윷놀이	187
수수팥떡	170	어린이날	31	음력	187

INDEX

명칭	페이지	명칭	페이지	명칭	페이지
응원	252	전통 시장	49, 72, 167	집단주의	116, 134
의무교육	143	전통시장	270	집들이	179
이산가족	150	전통 악기	118	징	267
이순신	65	전통악기	222, 278	짜장면	206
인류무형문화유산	256	전통 악기 공연	222	짬뽕	206
인삼	71, 185	전통 음악	62	짬짜면	206
인쇄	81	전통 의례	75, 89	찜질방	199, 242
인절미	170	전화	29		
인터넷 컴퓨터 게임	243	절	207		
일본	33, 65	점	84, 86, 122, 128, 129	**ㅊ**	
일제 강점기	34	정	116, 159		
임진왜란	65	정몽주	250	차례	79, 216
입시	113	정부	26, 28	찹쌀떡	113, 170
입시 학원	146	정선 아리랑	256	창	275
		제례	75, 89	창경궁	41
ㅈ		제물	55	창극	275
		제사	55, 76, 77, 129, 182, 194	창덕궁	41
자본주의	34, 150	제주도	125	창덕궁 정원	41
자장면	206	조선	33	천도교	129
자전거	148	조선민주주의 인민공화국	34	천 원	68
작가	261	조선백자	233	천하장사	254
장구/장고	267	조선시대	48, 65, 269	철학원	123
장남	36	조선시대 교육	56	청산리	250
장독	159	조선시대 전쟁 유물	240	청와대	100
장독대	159, 215	족두리	86	청일전쟁	12
장례식	77, 116, 207	존댓말	164	청자	228
장마	16	종교	128	체면	134
장승	122	주민센터	27	체질	87
재난	29	주자학	68	초가집	213
재래 시장	72	줄다리기	216	초등학교	143
재벌	120	줄임말	133	초복	185
재수	113	중복	185	초충도	64
저고리	85	중학교	143	촌수	218, 219
적벽가	275	증정품	166	촛불시위	107, 136
전쟁	65, 81	지리산	14, 104	촛불집회	107, 136
전쟁기념관	239	지방	73	추사체	248
전주비빔밥	182	직선과 곡선이 조화	85	추석	31, 170, 187, 216
전통놀이	254	직장 호칭	218, 219	추임새	275
전통 무용 공연	222	직할시	24, 25	축의금	157
전통 미술	233	진도 아리랑	256	축제	252
전통 소리 공연	222	진맥	88	춘향가	275
전통 술	52	진주비빔밥	182	출입국 관리사무소	28
				취미	103

명칭	페이지	명칭	페이지	명칭	페이지
측우기	62	평화	137, 150	한의학	87
치맥	189	폐백	157	한자	247
치킨	152	폭력	137	한지	247
침	87	표준어	22	함	157
		풍문놀이	222	해금	266
ㅋ		풍물굿	278	해산물	127
		풍물놀이	225, 252, 269, 278	해시계	62
코리아	70	풍물북	267	해안선	14
콘서트	252	풍속화	233	행정구역	22, 24
콩	174	풍수 인테리어	84	향산제	44
콩나물	182			허준	88
클래식 공연	222	**ㅎ**		현대 미술	233
				현무암	126
ㅌ		하회탈	270	현충일	31
		학교	113	혈연	37
탄핵	137	학원	113, 143, 146	혹부리 할아버지	46
탈	269	학원가	146	혼례	75, 157
탈춤	225, 269	한가위	216	혼천의	62
탕수육	206	한강	14, 25, 94, 148	홍대	225
태권도 시범단	272	한강 배달 문화	111	홍보가	275
태백산	14, 43	한국 나이	162	홍삼	71
태평소	266	한국어	21	화산	126
태평양	12	한국역사	32	화폐	62
택견	272	한국의 정원	41	환갑	51, 163, 236
템플 스테이	129	한국전쟁	34, 139, 146, 149	환갑잔치	51
통인시장	72	한국전쟁 유물	240	환웅	44
통일	150	한글	21, 247	환인	43
튀김	180	한글날	31	환자	29
특별시	24	한글놀이터	240	황진이	250
특별자치도	125	한글배움터	240	황해	14
특산물	73	한라봉	127	회사	152
		한라산	14, 126	회식	110, 152, 189
ㅍ		한류	230, 280	효	77, 78, 80, 89, 236, 275
		한반도	12	효녀 심청	89
파김치	159	한복	85	훈	266
판	81	한성백제박물관	239	훈민정음	21
판소리	222, 252, 275	한약	88	훈민정음 해례본	21
팔만대장경	81, 129	한양	48	훈장님	57
팔씨름	254	한옥	213	휴전선	139, 150
팥	170	한옥마을	95, 215	흑돼지	127
편경	267	한의사	87	흥인지문	48
편의점	166	한의원	87		